Receitas de feitiços e encantos
AFRO-BRASILEIROS

Receitas de feitiços e encantos
AFRO-BRASILEIROS

Copyright©2007
Pallas Editora

Produção editorial
Pallas Editora

Organização de originais
Eneida Duarte

Revisão
Silvia Rebello

Projeto gráfico de miolo e diagramação
Fernanda Barreto

Capa
Tiago Rodrigues

Todos os direitos reservados à Pallas Editora e Distribuidora Ltda. É vetada a reprodução por qualquer meio mecânico, eletrônico, xerográfico etc., sem a permissão por escrito da editora, de parte ou totalidade do material escrito.

CIP-BRASIL. CATALOGAÇÃO-NA-FONTE
SINDICATO NACIONAL DOS EDITORES DE LIVROS, RJ.

R155r
1ª ed.
1ª reimpr.

Receitas de feitiços e encantos afro-brasileiros / Nivio Ramos Sales. – 1ª ed. – Rio de Janeiro : Pallas, 2011.

ISBN 978-85-347-0395-6

1. Magia. 2. Cultos afro-brasileiros. I. Título.

06-1697.

CDD 299.65
CDU 299.6.3

Pallas Editora e Distribuidora Ltda.
Rua Frederico de Albuquerque, 56 – Higienópolis
CEP 21050-840 – Rio de Janeiro – RJ
Tel./fax: 21 2270-0186
www.pallaseditora.com.br
pallas@pallaseditora.com.br

SUMÁRIO

Introdução, 7
A arte da magia, 13
Matéria mágica, 19
Banhos, 49
Defumações, 55
Feitiços, 61
Patuás, 81
Pós e pembas, 87
Orações fortes, 91
Como desfazer feitiços e malefícios, 103
Palavras finais, 109

INTRODUÇÃO

Existe no Brasil uma grande variedade de práticas mágicas. Algumas ocorrem dentro do contexto de uma religião, como os ebós do candomblé, vinculados aos mitos dos oráculos, aos ritos de iniciação e outras situações litúrgicas. Também se incluem nessa categoria as consultas aos espíritos ancestrais e os procedimentos curativos dos povos indígenas.

Outras formas de feitiçaria são independentes, como a magia popular européia, resultante da combinação de crenças e práticas das antigas religiões da natureza com as do cristianismo. Essa feitiçaria chegou-nos trazida por homens e mulheres processados pela Inquisição por prática de bruxaria e deportados para a então colônia portuguesa.

O praticante dessa magia não precisa vincular-se formalmente a qualquer religião, nem passar por processos de iniciação. Seu corpo de conhecimentos não é objeto de regras de segredo: para aprender, basta encontrar um praticante e observar o que ele faz. Isso não quer dizer, no entanto, que se trate de uma aprendizagem fácil e rápida: como toda arte, ela exige muito esforço e dedicação.

É comum que o futuro feiticeiro ou a futura bruxa sejam "chamados": em algum momento de sua vida, passam por uma crise ou mudança que revela a presença de poderes para a feitiçaria, que devem ser desenvolvidos por aprendizagem. Mas também é possível que a pessoa tenha sido criada num ambiente em que seja comum ter e usar esses dons, sem ser necessária uma condição especial. Muitas vezes, os feiticeiros, catimbozeiros, curandeiros e bruxas aprendem com gente da família — o pai ou a mãe que possuía o conhecimento. Outras vezes, o interessado torna-se auxiliar de um praticante ou se agrega a um grupo dedicado a alguma forma de ritual mágico.

No início do século XX, no Brasil, tanto as religiões de raiz africana quanto as práticas mágicas de todas as origens eram "casos de polícia", comportamentos ilegais passíveis de punição, geralmente confinados às camadas mais pobres da população. É bom lembrar que, nessa mesma época, ainda vigoravam, em países como a Inglaterra, leis medievais que permitiam condenar à morte um acusado de bruxaria. Em compensação, era dado grande prestígio à magia cerimonial vinculada à religião e ao saber oficiais, considerada "alta magia", magia "verdadeira", "boa", "branca" e "pura", em contraposição à magia popular ou feitiçaria, rotulada de "falsa", "má", "negra" e "degenerada".

A partir da década de 1950, com a abolição das leis anti-bruxas, os praticantes de magia — muitas vezes ligados a grupos enraizados em tradições pré-cristãs — puderam "sair do armário". No Brasil, esse momento coincidiu com uma fase em que já se faziam sentir os resultados de longos anos de luta dos negros e das organizações religiosas de raiz africana por seus direitos civis, de existência e de expressão. Houve ainda um terceiro fator, que foi a divulgação de teorias psicológicas, especialmente a de Carl Gustav Jung, que defendiam a importância das experiências transcendentais — religiosas e mágicas — na vida psíquica dos indivíduos e das coletividades.

O resultado foi uma explosão de interesse por variadas formas de magia, religiosidade e misticismo de diferentes origens, que penetraram todas as camadas da sociedade. Pessoas de todas as classes passaram a buscar avidamente informações sobre esses temas. É certo que, desde muito tempo, editavam-se no país livretos de feitiçaria que, na melhor das hipóteses, eram cópias distorcidas de velhos grimórios de feitiçaria européia. Mas, nessa nova fase, esses livretos já não satisfaziam ao público. Suas receitas, em grande parte destinadas a vinganças ou à tentativa de controlar pessoas, não mais correspondiam ao que os interessados buscavam. Suas práticas, envolvendo crueldade contra animais, andavam na contra-mão da bruxaria emergente.

Esse tema merece uma explicação. A feitiçaria contém elementos de antigas práticas, às vezes da Idade da Pedra, como ritos ligados à caça e à agricultura. Algumas dessas práticas, realizadas fora de seu contexto original, perderam parte do seu significado, para quem as via de fora ou as copiava, podendo ser percebidas ou praticadas como mera superstição. Um exemplo é o uso de partes de animais mortos em certos rituais. Nos tempos antigos, o abate de um animal, para fornecer carne a um grupo humano, podia ser um evento bem raro. Mesmo não o sendo, entretanto, o animal, se fosse caçado, exigia sorte e segurança para o caçador; se fosse criado, exigia fartura de forragem e proteção contra doenças que pudessem dizimar a criação. Por tudo isso, o abate era uma situação ritual, em que parte do animal era oferecida aos deuses, em agradecimento pelo alimento, e parte era compartilhada pela comunidade. Esse significado é preservado nas religiões afro-brasileiras em que os sacrifícios ocorrem dentro de um contexto litúrgico, e os animais abatidos são utilizados na alimentação da comunidade religiosa, muitas vezes em refeições de comunhão. Isso é muito diferente de fazer um feitiço em que um animal seja morto e depois jogado fora.

Outras práticas, como torrar ou macerar partes de animais, eram originalmente técnicas de preparo de medicamentos, tanto na Europa quanto na África. Mas, num tempo em que qualquer drogaria oferece produtos eficientes e seguros, matar um animal para transformá-lo em cinzas ou outros resíduos que serão jogados fora é uma prática sem sentido.

Então, o que fazer com os encantamentos que utilizavam esses recursos? A resposta é simples. Esse tipo de feitiçaria é denominado "magia simpática" porque procura produzir um efeito através da "simpatia", ou seja, a afinidade entre objetos e as forças que o feiticeiro quer manipular. Portanto, o que importa é a relação simbólica, não o objeto em si. Sabendo disso, entendemos que um animal vivo pode ser substituído por uma imagem sua — uma miniatura ou desenho —, da mesma forma que uma pessoa é representada por uma fotografia, uma peça de roupa, cabelos, unhas etc.

Há outra justificativa para a eliminação da matança e da tortura. O sacrifício é considerado vulgarmente uma forma de "comprar" o favor dos deuses: dou-lhes algo em troca do que estou pedindo. Entretanto, em magia, existe um conceito diferente de sacrifício, que seria uma transferência de força do feiticeiro para a situação que ele deseja transformar. De acordo com este ponto de vista, o sacrifício é pessoal e intransferível: a força deverá sair da pessoa que será beneficiada pelo feitiço, e não do corpo de outro ser vivo qualquer. Isso não significa, entretanto, que essa pessoa deverá sangrar ou passar por qualquer tipo de sofrimento, mas que ela deverá doar algo — atenção, tempo, emoção, dedicação, vontade, desprendimento — para obter o que deseja. Portanto, para este enfoque, o sacrifício animal é uma prática inútil.

A divulgação, no Brasil, de obras sobre a magia de diversas tradições — africana, cigana, celta, italiana, vodu etc. — desvendou, para o grande público, o universo das crenças e práticas de muitos grupos que haviam migrado para cá, voluntária ou involuntariamente, e cujas tradições tinham ficado soterradas sob a religião dominante. Soterradas, mas não mortas, e, nutridas pela nova liberdade, brotaram e floresceram, criando uma tendência concordante com a nova bruxaria que cresceu em outros países: uma feitiçaria que valoriza e combina elementos de todas as fontes; que busca a felicidade e a harmonia, em vez do ressentimento e do malefício; que é social e ecologicamente consciente e responsável; que democratiza seu saber, divulgando suas fórmulas sem escamotear informações nem enganar o aprendiz.

Este livro segue esses princípios. Sendo uma obra sobre feitiços, e não sobre procedimentos religiosos sujeitos a leis de segredo, apresenta as receitas completas e bem explicadas, sem omissões. Aborda os temas dominantes nas preocupações do cotidiano da maioria das pessoas — amor, prosperidade, sorte, proteção — mas sempre sob um ponto de vista positivo, visando construir, e não destruir.

Sabendo que, em magia, o essencial é o laço entre o símbolo e a coisa simbolizada, substitui vítimas sacrificiais por representações. E mais: evita práticas que possam provocar danos à natureza — caso contrário, seus donos, os deuses e espíritos, ficariam ofendidos e as conseqüências poderiam ser desastrosas para o feiticeiro e o suplicante.

Ao contrário dos velhos grimórios criados em tempos autoritários, aqui não existe nenhuma ameaça ao praticante que não seguir as receitas ao pé da letra. A Antiga Arte é um caminho de aprendizagem. Se errar, tente novamente. Se entender o simbolismo por trás de uma receita, crie seus próprios feitiços personalizados. Use o livro como um manual e roteiro para trilhar a estrada do conhecimento.

Dito isso, resta apenas desejar que esta obra seja de proveito para seus leitores; que lhes traga conhecimento, maestria, prosperidade, saúde e felicidade.

A ARTE DA MAGIA

A ARTE MÁGICA CONSISTE EM MUDAR COMPORTAMENTOS OU características de seres vivos ou inanimados, utilizando para isso gestos, eventos ou fenômenos. A magia é a arte de combinar, de preparar misturas, fermentações e iguarias. Seus produtos são triturados, moídos, amassados e diluídos, transformados em perfumes, bebidas, infusões, pastas ou imagens, para serem defumadas, bebidas, comidas ou conservadas como amuletos.

A magia é um fenômeno social universal. As fórmulas mágicas não são "simplesmente", como querem alguns setores da cultura dominante, "expressão do atraso cultural do povo." Em qualquer época e lugar, sempre houve e haverá magia, porque todo indivíduo carrega dentro de si uma enorme potencialidade mágica. Em toda parte ela é idêntica e, para ela, saber é poder. A magia está relacionada com a religião, de um lado, e, de outro, com a técnica e com a ciência (em seu sentido mais amplo e tradicional de conhecimento e explicação do mundo). Pode-se mesmo dizer que essas disciplinas são parentes, pois há uma identidade entre suas funções.

A analogia com a técnica pode ser vista no fato de que a magia tem apenas um objetivo: produzir efeito. Os ritos e produtos mágicos não são preparados ao acaso, mas baseiam-se num corpo teórico que, tal como faz a ciência, explica o mundo e fornece os conhecimentos necessários para a execução das técnicas desejadas.

Mas a crença na magia, assim como aquela que se liga à religião, é uma fé *a priori*. O indivíduo não entende a magia, ele crê. Aqui a fé, ao contrário do que ocorre na ciência, precede sempre toda e qualquer experiência. A magia, como um estado de espírito coletivo, é contestada ou verificada através de si mesma, e sempre permanece misteriosa, mesmo para seu praticante. Em magia, o indivíduo não justifica racionalmente um comportamento, não vive o seu raciocínio; seu comportamento é inconsciente. Ele não precisa refletir sobre a estrutura do rito para praticá-lo, compreender uma prece para recitá-la, entender o sacrifício para realizá-lo.

AS LEIS DA MAGIA

A diferença entre os modelos mágico e científico está no fato de que, enquanto este último baseia-se num conhecimento empírico da realidade, o primeiro está fundamentado em relações simbólicas, definidas a partir de duas leis essenciais da magia: a de correspondência e a de simpatia.

Lei da correspondência
De acordo com a primeira lei, em magia, qualquer coisa que faz parte de um todo está em contato permanente com ele e conserva suas propriedades. Por exemplo, toda chama individual é

parte do fogo, considerado como um princípio universal. Não é sequer necessário que o contato físico seja habitual ou freqüente: uma pequena porção de água, guardada num frasco, representa a totalidade desse elemento, mesmo depois de passar longo período separada dos grandes mananciais. Da mesma forma, um fio de cabelo está para sempre em contato mágico com a pessoa a quem pertenceu.

Lei da simpatia
De acordo com a segunda lei, existe uma relação de simpatia, ou seja, de atração entre elementos semelhantes. O semelhante atrai o semelhante, age sobre ele e o domina, pois existe troca entre tais elementos. Por exemplo, o retrato, que é uma imagem, tem a função de tornar presente a pessoa, força da natureza ou divindade nele representada. É a lei da simpatia que determina que cores, sabores, formas e aromas possam indicar a divindade ou entidade que um objeto representa. Por exemplo, a cor de um orixá torna presente o axé do próprio orixá.

A conseqüência dessas leis é que a magia, sendo a arte do fazer, segue a regra do caminho mais fácil, substituindo a realidade por imagens a fim de reduzir esforços. Por isso, encontramos nos feitiços cores, perfumes, objetos e substâncias que trazem em si a força mágica decorrente do fato de corresponderem a um elemento ou ser mágico, e de serem simpáticos a esse agente ou ao indivíduo sobre o qual a magia é aplicada.

A PRÁTICA DA MAGIA

A magia é, por si só, um ritual. Tudo nela é rito, tanto oral quanto manual. A invocação, o chamamento, é o encantamento oral que vai completar o rito manual, que por sua vez traduz numa forma concreta todo o simbolismo daquele procedimento. Assim sendo, vemos que a magia é composta por fórmulas onde tudo é fixado e determinado com exatidão.

Os ritos mágicos são sobretudo tradição, ou fatos de tradição, visto que, se não são repetitivos, não podem ser considerados mágicos, isto porque sua eficácia será nula perante o grupo social. A forma dos ritos mágicos é transmissível e sancionada pela opinião pública. É claro, portanto, que algo só tem o caráter de mágico quando é considerado como tal por toda uma comunidade.

Um ritual mágico independe do fator espiritual, bastando, para se fazer magia, que existam os seguintes componentes:
- o *agente*, que é o indivíduo mágico;
- os *atos*, que são os ritos mágicos a serem executados;
- as *representações*, que são as idéias e as crenças em que o ritual se fundamenta.

Para se praticar magia, portanto, não se tem necessariamente que pertencer a uma organização religiosa, nem tampouco faz-se necessária a mediação de um ser espiritual (que muitas vezes não obedece ou cumpre o determinado). A magia está ao alcance de qualquer pessoa, bastando para tanto a observância de determinado ritual e o emprego correto dos seus ingredientes. O que deve ficar bem claro, entretanto, é que nem todos têm forças interiores inatas para se tornarem mágicos; mas, felizmente, as qualidades necessárias à magia podem ser adquiridas através de treinamento.

No campo de conhecimento que estamos abordando neste livro, que é o da magia afro-brasileira, é fato estabelecido que, para que os efeitos de um feitiço possam ser auferidos, tornam-se necessárias, não só uma prática constante, mas também uma inclinação natural oriunda do orixá governante, pois alguns entre eles se indispõem à prática mágica, enquanto outros se predispõem. Os orixás que possuem maior predisposição para a magia são: Oiá Balé, por deter e controlar a morte; Ogum, senhor das estradas; e a trilogia da desintegração (Omolu, Obaluaiê e Nanã), pois a utilização de tais forças geralmente está associada aos eguns, espíritos ancestrais capazes de transmitir doenças e malefícios às pessoas.

PROCEDIMENTOS DA MAGIA AFRO-BRASILEIRA

Em capítulos subseqüentes, esta obra apresentará muitas receitas mágicas, agrupadas segundo o tipo a que pertencem. Desta forma, torna-se necessário definir inicialmente esses tipos, para melhor compreensão do tema.

Os *banhos* rituais, produzidos com água e produtos diversos com poderes mágicos, têm a finalidade de eliminar larvas astrais e equilibrar o indivíduo.

A *defumação*, que é a produção de fumaça aromática pela queima de ervas e resinas, é um dos mais antigos ritos religiosos e mágicos. Ela visa atrair boas influências, dinheiro, saúde e prosperidade.

Os *patuás* são objetos com poderes mágicos decorrentes de sua consagração a uma finalidade específica. Eles devem ser usados permanentemente por seus donos, para que sejam eficientes.

As *pembas* são tipos especiais de giz de uso ritual. Depois de preparadas, quando passam a chamar-se *atins*, são geralmente aromáticas, utilizando-se nelas raízes, frutos, favas e folhas dos orixás.

As *simpatias* são rituais que procuram aplicar uma força mágica a um objeto ou indivíduo, por meio do uso de suas representações simbólicas, como imagens e cores.

Os *ebós* (de ebo, palavra iorubá que quer dizer sacrifício) são oferendas aos orixás e outras entidades espirituais, que visam principalmente restaurar e energizar uma pessoa, utilizando elementos simbólicos, oriundos dos reinos animal, vegetal e mineral, portadores de axé (força, poder); eles podem ser feitos para o bem ou para o mal, de acordo com os elementos utilizados e os locais onde são colocados.

Tanto as simpatias quanto os ebós podem ser reunidas no grande grupo dos *feitiços* ou encantamentos. A simpatia é um tipo de feitiço originário da magia européia, trazida pelas bruxas portuguesas para o Brasil; já o ebó é parte integrante dos rituais religiosos afro-brasileiros, podendo ser executado fora do contexto litúrgico (processo de iniciação, festa do orixá etc.) quando se destina a resolver um problema específico.

MATÉRIA MÁGICA

Assim como, em medicina, a expressão "matéria médica" refere-se à descrição dos medicamentos e de suas qualidades curativas, da mesma forma uma obra sobre feitiços deve ter uma "matéria mágica" que descreva as características e propriedades dos diferentes tipos de materiais utilizados.

Muitas pessoas, ao fazerem contato pela primeira vez com informações acerca de magia, sentem necessidade de explicações acerca de produtos que desconhecem. Entretanto, seria impossível apresentar aqui uma lista completa de todos os materiais utilizados nos feitiços e encantamentos afro-brasileiros. Por este motivo, foi elaborada uma lista sumária que abrange apenas os produtos utilizados nos feitiços aqui descritos, com as explicações necessárias sobre eles.

De modo geral, todos esses materiais são encontrados em lojas de produtos religiosos, herboristas, mercados e feiras. Alguns poucos (em especial as ervas) podem ser identificados por nomes diversos em diferentes regiões do país. Assim, foram incluídos os sinônimos mais conhecidos, tentando assim atender às necessidades do maior número possível de leitores.

É necessário fazer uma observação acerca da listagem do material necessário para os feitiços descritos neste livro. Para evitar repetições desnecessárias, foram relacionados apenas os ingredientes e acessórios específicos que fazem parte do feitiço, e não os utensílios usados em seu preparo; estes estão implícitos na descrição do modo de fazer o encantamento. Desta forma, sempre que alguma coisa deve ser cozida ou torrada, está subentendido que você precisará de uma panela e de um fogão ou fogareiro (conforme suas possibilidades), além de colheres, coadores, recipientes para coletar e preparar o material, e qualquer outro instrumento de cozinha que se mostre necessário. Sempre que uma ou mais velas forem ser acesas, ou que você tiver que queimar carvão ou acender outro tipo de defumador, está implícito que precisará de fósforos e de uma base adequada para o material (pratinho, pote, castiçal etc.). Cigarros, charutos e cachimbos também necessitarão de fósforos. Para cortar, você precisará de faca ou tesoura, conforme o material a ser trabalhado. Para enterrar algo, use uma pazinha de jardinagem. Se algo for escrito, estará implícita a necessidade de lápis ou caneta. Para costuras serão necessárias linhas, agulhas, tesoura, alfinetes etc.

Lembre-se de que os produtos mágicos, sendo consagrados para essa finalidade, não podem ser misturados com os de uso comum. Por isso, você deverá ter um equipamento básico reservado especificamente para realizar seus feitiços, a fim de evitar a necessidade de comprar instrumentos novos toda vez que for preparar um encantamento.

ANIMAIS E PARTES DE ANIMAIS

Animais
Muitos feitiços utilizam animais vivos ou mortos, como peixes, frangos, pombos, caranguejos, caramujos etc., sem que essa prá-

tica esteja vinculada a um ritual religioso. Nesses casos, partindo da idéia já discutida de que, para a magia, a imagem tem o mesmo poder do ser representado, a tendência moderna, ecológica e humanista na magia vem sendo substituir os animais a serem sacrificados por miniaturas, partes do seu corpo obtidas sem sofrimento ou outras formas de representação. Convém evitar o sacrifício inútil (feito sem a finalidade de preparar alimentos) e a crueldade contra animais. Ao contrário de uma antiga crença, comum entre certos praticantes de feitiçaria, as entidades protegem os seres da natureza e não apreciam aqueles que os fazem sofrer. Portanto, um feitiço realizado em meio a sofrimento terá poucas chances de ser bem-sucedido, e certamente fará retornar para seu mandante o mal que foi produzido.

Búzios
São utilizados nos feitiços afro-brasileiros os cauris, as pequenas conchas empregadas no jogo de búzios, em assentamentos e nos adornos de alguns orixás. Esses búzios são encontrados nas lojas de artigos religiosos. Quando for necessário usar um búzio aberto, force a parte traseira fechada da concha com um objeto pontiagudo, de modo que ela se quebre, deixando o búzio com uma abertura circular na face oposta à da sua fenda natural.

Cera de abelha
A cera virgem, vendida em tabletes, pode ser adquirida em lojas de materiais para pintura e artesanato. Se você desejar fazer um pequeno estoque do material para diversos usos mágicos, compre um pedaço grande, com cerca de um quilo, guarde-o e vá retirando pequenos pedaços conforme precise. Se quiser apenas fazer um pequeno trabalho, converse com o vendedor para saber que quantidade poderá atender às suas necessidades. Quando um feitiço especifica o uso de "cera dos três reinos", está se referindo à cera de abelha (de origem animal), à de carnaúba (vegetal) e à parafina (mineral). Todas podem ser encontradas nas mesmas lojas.

Óleo-de-cobra
Este é um material usado exclusivamente em magia. Ele pode ser encontrado nas lojas de artigos religiosos, juntamente com óleos de outros animais, em pequenas porções adequadas para um feitiço.

Ori nacional
O termo "ori" refere-se a dois produtos diferentes, ambos com uso litúrgico e mágico semelhante. O ori nacional é feito com sebo de carneiro. Ele é mais barato que o ori africano, mas os religiosos mais rigorosos consideram que não tem o mesmo fundamento que o produto importado. Entretanto, é usado devido à maior facilidade de obtenção e ao preço mais acessível. Pode ser encontrado nas lojas de artigos religiosos.

Ovos
Os de uso mais comum em magia são os de galinha, mas alguns feitiços usam ovos de pata ou mesmo de outras aves. Se precisar de algum desses tipos especiais, ou de ovos de galinha chocos, procure um criador ou fornecedor de aves e derivados. Alguns grandes revendedores de artigos religiosos trabalham com esses produtos, mas isso não é comum.

Partes de animais
Muitos feitiços empregam partes de animais por seu significado simbólico (por exemplo, um coração para encantamentos de amor; órgãos genitais para sexualidade) ou por causa do comportamento típico do animal (por exemplo, pêlos de um cachorro, que guarda a casa, ou de uma gata, que protege suas crias, para feitiços de defesa contra inimigos).
   Quando precisar utilizar pêlos de algum animal, fios de cabelo ou crina, chifres, dentes, unhas, penas etc., procure obtê-los de alguém que crie ou trate de algum desses animais, tomando cuidado para que esses materiais não sejam retirados provocando sofrimento. Ossos, couro, gordura etc., se não forem encontrados em lojas de produtos religiosos, poderão ser buscados em

matadouros ou açougues. Bifes, coração, mocotó, olhos de peixe etc. poderão ser adquiridos num açougue comum ou estabelecimento equivalente, desde que sejam especialmente destinados ao feitiço (você não pode comprar ou preparar uma carne para usar parte na comida comum e parte num feitiço). Conchas e carcaças de outros animais aquáticos podem ser coletadas em praias ou adquiridas em lojas de artigos religiosos. Penas, escamas, certos tipos de pêlos e outros produtos podem ser encontrados nessas mesmas lojas.

Evite adquirir partes de animais mortos ilegalmente: ao contribuir para o desrespeito à natureza, apoiando a prática de eliminar espécies silvestres, que muitas vezes já correm risco de extinção, você estará reduzindo suas chances de agradar aos deuses afro-brasileiros, que vivem na natureza e desejam vê-la respeitada e protegida acima de tudo.

Partes de uma pessoa
São comuns os feitiços que usam cabelos ou unhas de pessoas. Essas partes, de acordo com a magia, podem representar o indivíduo por manterem a ligação com o todo do qual saíram — aquela pessoa de quem fizeram parte. Feitiços que trabalham com sangue e outros materiais menos comuns costumam ser destinados a fazer mal; por este motivo, não serão abordados neste livro.

Raspa de veado
O pó obtido pela raspagem de pontas de chifres de veados é encontrado nas lojas de produtos religiosos, em pequenos potes contendo a quantidade necessária para um feitiço. Esse material é usado para limpar pessoas e ambientes de más influências.

COMIDAS

Acaçá
É um tipo de bolo servido aos orixás. Ele é feito com milho branco em grão, que é deixado de molho de um dia para o outro

em bastante água. A seguir, o milho é moído ou socado, junto com a água, e deixado descansando por mais um dia, para que fique levemente fermentado. Finalmente, a papa é coada numa peneira fina, para perder o excesso de água, e levada ao fogo até formar um mingau grosso.

Para terminar o preparo, corte pedaços quadrados de folha de bananeira, com cerca de um palmo de lado, e passe-os rapidamente na chama do fogão para amaciar. Coloque em cada pedaço um pouco da massa de milho e embrulhe, formando um bolinho que somente será desembrulhado no momento de usar. Os orixás o comem frio e sem qualquer tempero. Para os viventes, a massa pode ser temperada com sal ou açúcar e leite-de-coco, e os bolos podem ser aquecidos em banho-maria na hora de servir.

Azeite-de-dendê

Também chamado óleo-de-palma, é extraído da polpa do coco do dendezeiro, uma palmeira trazida pelo africanos para o Brasil. É um ingrediente típico da culinária afro-brasileira, tanto religiosa quanto profana. É apreciado por muitos orixás, mas alguns, que são mais calmos ou "frios", não o aceitam, pois ele está associado à cor vermelha do sangue, da vitalidade, da sexualidade e da agressividade. Pode ser encontrado em mercados, feiras e lojas de artigos religiosos. Ao comprá-lo, leia o rótulo com atenção, pois atualmente é comum que se encontre óleo de soja aromatizado com um pouquinho de azeite-de-dendê.

Azeite-doce

É o azeite-de-oliva, extraído da polpa da azeitona. Ele substitui o azeite-de-dendê na comida de alguns orixás. Como o azeite verdadeiro é muito caro, pode ser conveniente comprar, para fazer parte de seu material mágico, uma latinha das menores, facilmente encontrada nos mercados.

Bolos de farinha de mandioca

São feitos com farinha de mandioca e água suficiente apenas para umedecê-la e dar liga. Essa massa é moldada na forma de bolos que são grelhados numa chapa de ferro ou frigideira quente.

Feijão-fradinho
É um componente típico da comida dos orixás, sendo usado no preparo de muito pratos diferentes. Por isso faz parte de muitas oferendas da magia afro-brasileira. É encontrado em mercados, feiras e lojas de artigos religiosos.

Mel
É um ingrediente importante dos feitiços destinados a acalmar, harmonizar e unir. É facilmente encontrado em mercados e lojas de artigos religiosos.

Mel rosado
É uma mistura de mel com um pouquinho de água-de-rosas, vendido geralmente em farmácias, mas que pode ser preparado em casa a partir dos dois componentes básicos. No simbolismo da magia, combina o doce sabor do mel com a suavidade do aroma da rosa, ambos se reforçando mutuamente como fatores de atração e sedução. A água-de-rosas de uso alimentício pode ser comprada em lojas de alimentos importados, pois é usada para aromatizar doces na culinária síria. Na impossibilidade de adquirir esse produto, o mel rosado pode ser feito em casa, colocando-se algumas pétalas de rosas dentro de um pote com mel e deixando-se descansar por alguns dias. As melhores rosas para essa finalidade são as cultivadas em jardins domésticos, pois têm um aroma melhor e mais forte que as de floricultura, além de não conterem agrotóxicos.

Milho
A espiga de milho é uma comida típica de todas as entidades das matas. Pode ser adquirida nos mercados e nas feiras, e pode ser empregada crua, cozida ou assada, conforme a orientação específica de cada feitiço. O milho em grão, também vendido nos

mercados, serve para diversas preparações, como bolos, pirões e pudins.

Pipoca
De modo geral, a pipoca feita para ser usada em rituais litúrgicos e mágicos afro-brasileiros não é preparada em gordura nem leva sal. O milho de pipoca é posto na panela, junto com um punhado de areia lavada, e mexido até estourar. A pipoca é muito usada em oferendas para Omolu, responsável, junto com Exu, pela realização de feitiços de limpeza e afastamento de inimigos. O milho para pipoca é facilmente encontrado em mercados e feiras.

Quiabo
É o fruto comestível de uma planta trazida da África e aclimatada no Brasil. Além de fazer parte da mesa cotidiana dos brasileiros, é um componente importante da culinária dos orixás, sendo o prato preferido de Xangô e servido também a Ibeji. É usado em feitiços para amansar inimigos ou pessoas próximas que estejam sofrendo de alguma perturbação. Sendo uma hortaliça muito comum, é encontrado facilmente em mercados e feiras.

Sal
Enquanto as comidas são temperadas com sal refinado, os banhos de descarga e outros feitiços costumam ser feitos com sal grosso. Este é vendido em saquinhos nas lojas de artigos religiosos, mas também é encontrado em feiras e mercados. O sal é utilizado para a limpeza de pessoas e ambientes.

Vinagre
É produzido pela fermentação de vinho e tem sabor e aroma acres, podendo ser irritante se for empregado em grande quantidade. Por isso, é usado na magia brasileira em feitiços destinados a afastar pessoas indesejáveis. Pode ser encontrado em mercados e casas de artigos religiosos.

ERVAS, ÁRVORES E FLORES

Abre-caminho
Erva muito usada em banhos e encantamentos destinados a afastar más influências e obstáculos. Pode ser encontrada em herboristas e lojas de artigos religiosos.

Açucena
Este nome é dado a várias plantas que produzem flores de aspecto mais ou menos semelhante, como lírio, copo-de-leite, palma-de-são-josé e amarílis. Todas elas são consideradas poderosas concentradoras de força mágica, sendo capazes de atrair boa sorte. A açucena é encontrada em floriculturas e pode ser cultivada em vasos ou jardins.

Alecrim
Erva de origem européia, muito usada em culinária, o alecrim é encontrado fresco ou seco em mercados e feiras. Tem o poder de limpar pessoas e ambientes de influências negativas, atraindo forças protetoras. No uso litúrgico afro-brasileiro, é dedicado a Oxalá.

Alfavaca
Erva originária da Europa, de uso culinário, também é chamada de manjericão e ifirim. É encontrada fresca ou seca em mercados e feiras. Afasta os maus espíritos e atrai os protetores, além de ser consagrada a Oxum.

Algodoeiro
É um arbusto de origem asiática, cultivado em todo o mundo para a produção de fibras para tecidos. As folhas, os flocos (fibras do fruto) e as sementes do algodoeiro têm empregos litúrgicos e mágicos no Brasil, sendo usados em feitiços de purificação, harmonia e união. A planta é dedicada a Oxalá. As partes adequadas para o uso mágico podem ser encontradas em lojas de artigos religiosos e herboristas.

Alho
Desde a Antiguidade, o alho é considerado protetor contra perigos espirituais. Foi adotado pela tradição afro-brasileira, que usa dentes e cascas do bulbo para banhos e defumações de limpeza e cura. É encontrado em mercados e feiras.

Alpiste
É a semente de uma gramínea (da família do capim) usada na alimentação de aves. É usado em magia de prosperidade. Encontrado em mercados, lojas de produtos para animais e casas de artigos religiosos.

Anis-estrelado
Também chamado de badiana, é o fruto de uma árvore chinesa, usado como tempero, tendo propriedades parecidas com as do anis europeu (erva-doce). Na magia, atrai forças protetoras. É encontrado em lojas que vendem temperos importados e em algumas casas de artigos religiosos.

Aridã
É a fava de uma árvore africana, de uso litúrgico e mágico. É encontrada somente nas lojas de artigos religiosos, pois é importada. A fava aridã pertence a Ossaim e é usada em feitiços de amor e para atrair proteção.

Aroeira
Pequena árvore brasileira dedicada a Ogum, cujas folhas e cascas têm usos litúrgicos e mágicos, sendo utilizada em feitiços de cura e limpeza. Também é chamada ajobi. É encontrada geralmente em herboristas e lojas de artigos religiosos, embora no passado tenha sido muito cultivada como planta ornamental.

Arruda
Planta originária da orla do Mediterrâneo, é usada em magia desde a Antiguidade por povos do sul da Europa e norte da África. Na magia brasileira é adotada como proteção contra mau-

olhado e feitiços: as folhas frescas são usadas em banhos de descarga e como amuletos, e da madeira são esculpidas figas. É facilmente encontrada em feiras, mercados e lojas de artigos religiosos, sendo freqüentemente cultivada em vasos ou jardins junto à entrada da casa, a qual protege.

Artemísia
Planta de origem européia, também chamada losna ou absinto. Na tradição afro-brasileira, é dedicada a Ogum e serve para abrir os caminhos. Pode ser encontrada em herboristas e lojas de artigos religiosos.

Bejerecum
Também chamada pijerecum ou pimenta-do-mato, é o fruto de uma árvore brasileira aparentada com a pimenta-da-costa africana. É usada na magia como ingrediente de feitiços para união. Pode ser encontrada em casas de artigos religiosos.

Cana-de-açúcar
Planta de origem asiática, foi levada para todo o mundo pelos colonizadores europeus, sendo cultivada para a extração de açúcar. Na magia, a planta inteira tem o poder de atrair riqueza e boas influências. Pode ser encontrada em herboristas ou feiras.

Canela
Esse tempero consiste na casca de uma árvore nativa da China e do Ceilão, que às vezes é substituída por uma árvore da mesma família, nativa do Brasil. Pode ser empregada em pó ou em pedaços. Na magia, tem o poder de purificar o ambiente e atrair poderes positivos, sendo por isso usada em banhos e defumações de limpeza e proteção. É facilmente encontrada em mercados e feiras.

Cebola
É um bulbo usado em culinária, desde a Antiguidade, na Europa e na Ásia Menor. Tem propriedades mágicas semelhantes às do

alho. É encontrada em mercados e feiras, e também é chamada alubosa.

Chama
Frutinha de uma planta utilizada em magia afro-brasileira. O nome decorre do seu poder de chamar (atrair) qualquer coisa que se deseje. Pode ser encontrada em lojas de artigos religiosos, geralmente como uma fava (o fruto inteiro); mas também é vendida sob a forma de pó.

Chapéu-de-napoleão
Semente de uma planta brasileira, que tem o feitio de um chapéu de três bicos. É usada em magia de proteção e pode ser encontrada em lojas de artigos religiosos.

Colônia
Também chamada alpínia, é um arbusto ornamental em forma de touceira, com grandes folhas em forma de lâmina de espada e flores rosadas que crescem em grandes cachos. Toda a planta é muito perfumada, lembrando o aroma de água-de-colônia. Pertence a Oxalá e a Iemanjá, e é usada em banhos de purificação e magias de prosperidade. Pode ser encontrada em herboristas e jardins.

Corredeira
Também chamada curraleira e falacalá, é uma erva brasileira pertencente a Exu, usada em feitiços que precisam dos poderes dessa entidade. Pode ser encontrada em herboristas.

Cravo
O craveiro, arbusto ornamental que produz belas flores, foi trazido da Europa para o Brasil. Os cravos brancos, ofertados a Oxalá e a Iemanjá, são usados em magias de paz e harmonia. Os vermelhos são oferecidos a Ogum, Xangô e Iansã, em feitiços de amor e poder. Os amarelos são dados a Oxum, em magias

de amor. Os cravos de todas as cores podem ser adquiridos em floriculturas.

Cravo-da-índia
O cravinho é o botão da flor de uma árvore nativa da Ásia. É usado como tempero e, na magia, tem a virtude de intensificar as forças magnéticas. Por isso é usado em banhos e defumadores. É encontrado em qualquer mercado ou feira, inteiro ou em pó.

Dandá-da-costa
É um capim aromático, também conhecido como junça-de-cheiro, piripiri e priprioca. Sua raiz é comestível e tem o poder de amansar e atrair a boa vontade de uma pessoa que tenha contato com ela. A erva é também usada em banhos-de-cheiro, sendo encontrada em casas de artigos religiosos e herboristas.

Erva-do-fogo
Também chamada folha-de-fogo e euê-inom, é uma planta consagrada a Xangô e a Iansã, usada em magias relacionadas aos poderes desses orixás. É encontrada em herboristas.

Espada-de-são-jorge
Também chamada espada-de-ogum e idá-orixá, é uma planta decorativa cujas folhas verdes rajadas têm o formato de espadas. É usada em ritos e feitiços relacionados a Ogum. Uma planta parecida, mas cujas folhas têm uma borda amarela, é consagrada a Santa Bárbara (Iansã). A espada-de-ogum pode ser encontrada em herboristas e lojas de artigos religiosos, além de ser muito freqüentemente cultivada em jardins e vasos colocados na entrada da casa, para sua proteção.

Eucalipto
Árvore originária da Austrália e aclimatada no Brasil, onde forma verdadeiras florestas que espalham seu aroma característico. É uma planta ligada às entidades das matas, sendo usada para

atrair boas influências. Suas folhas podem ser encontradas em herboristas.

Gengibre
Raiz aromática originária da Ásia, muito usada na culinária afro-brasileira. É um estimulante forte e, na magia, é considerado um potente energizador, que acelera qualquer feitiço. É encontrado em mercados, feiras e lojas de artigos religiosos.

Girassol
Arbusto nativo das Américas, cuja flor amarela simboliza o Sol. A planta é associada a Oxalá, sendo suas folhas e pétalas usadas em banhos, defumadores e feitiços destinados a atrair paz e harmonia. A planta inteira pode ser encontrada em floriculturas e jardins.

Guiné
Também chamado pipi ou tipi, é um pequeno arbusto nativo do Brasil, usado há muitos séculos pelos indígenas por suas propriedades medicinais. Na magia é usado para limpar ambientes ou pessoas de influências negativas. É facilmente encontrado em herboristas, e é freqüentemente cultivado em vasos ou em jardins, junto à entrada da casa, como elemento protetor.

Ipê-amarelo
Árvore nativa do Brasil, cujas flores amarelas são muito decorativas. É usado em magia para atrair proteção. Pode ser encontrado em herboristas.

Laranjeira
Desde a Antiguidade, essa fruta asiática é considerada a fruta do Sol, do ouro e da felicidade. Suas folhas (de efeito calmante) e suas flores brancas são consagradas a Oxalá e a Iemanjá; são usadas em encantamentos de paz, união e harmonia. As folhas são encontradas em herboristas; a água-de-flor-de-laranjeira pode ser adquirida em farmácias.

Lima
A lima (que inclui as variedades lima-da-pérsia, lima-de-umbigo e limão-doce) é uma das frutas apreciadas por Exu. Por isso é usada em oferendas destinadas a pedir a proteção das entidades das ruas contra perigos e inimigos. Pode ser encontrada em feiras e mercados.

Louro
As folhas do loureiro são usadas desde a Antiguidade, no sul da Europa, para simbolizar vitória e poder. Na magia brasileira, o louro é consagrado a Oxóssi e usado em encantamentos de prosperidade, para atrair a proteção das entidades. É encontrado em mercados e feiras.

Mãe-boa
Planta consagrada a Nanã, também chamada iabeím, é usada para obter proteção das entidades da tradição afro-brasileira. Pode ser encontrada em herboristas.

Malva
Existem diversas plantas com o nome de malva. A mais utilizada na medicina popular brasileira é a malva-silvestre ou malva-do-campo, que tem grandes folhas com um forte aroma semelhante ao da maçã, sendo por esses motivos chamada também malva-maçã, malva-cheirosa, malva-grande ou malvona; ou, em iorubá, ifim ou ajicutu. Não deve ser confundida com a malva-rosa, que é uma planta ornamental de menor porte. A malva é empregada em feitiços para harmonia e amor. Pode ser encontrada em herboristas ou floriculturas.

Manacá
As flores desse arbusto ornamental são inicialmente roxas, mas ficam brancas quando envelhecem. Por este motivo, a planta é consagrada a Nanã e usada em feitiços para paz e proteção, especialmente para a vida familiar. Pode ser encontrada em floriculturas e jardins.

Mata-cabra
Também chamada algodão-bravo, é uma trepadeira com flores em forma de campainha. Por ser venenosa, é empregada na magia para afastar inimigos. Pode ser encontrada em herboristas.

Mil-homens
Cipó nativo do Brasil, também chamado angelicó, jarrinha, papo-de-peru (devido ao feitio de suas flores), contra-erva (por atuar "contra" diversos males) e joconijé. É usado em feitiços de proteção, especialmente para homens. Pode ser encontrado em herboristas.

Mulungu
Árvore nativa do Brasil, com floração vermelha, considerada dona de grande poder mágico. É usada para atrair proteção. Pode ser encontrada em herboristas.

Noz-moscada
Fruta de uma árvore asiática, usada como tempero. Na magia é associada com sucesso, crescimento e riqueza. Pode ser encontrada em mercados e feiras, inteira ou em pó.

Obi
Fruta de uma árvore africana, também chamada noz-de-cola. Tem importantes usos rituais no candomblé, e também é empregada em magia, especialmente para obter a proteção dos orixás. Pode ser encontrada em lojas de artigos religiosos.

Ori verdadeiro
O verdadeiro ori importado da África é a manteiga de emi, fruto de uma árvore nativa daquele continente. Ele substitui o azeite-de-dendê nas oferendas aos orixás ligados à cor branca, que simboliza paz, silêncio, quietude e a origem da vida nos embriões. O ori pode ser encontrado em lojas de artigos religiosos.

Pimenta-da-costa
É a semente da pimenta ataré, originária da África. É consagrada a Exu, mas também é apreciada por Ogum. É empregada em feitiços para dar energia, coragem, vigor sexual e poder contra inimigos. Pode ser encontrada em lojas de artigos religiosos.

Pimenta-malagueta
A pimenta que recebe este nome no Brasil é o fruto vermelho (maduro) ou verde de uma das diversas plantas da família do pimentão, que é nativa da América tropical, tendo sido usada como tempero pelos índios desde antes da chegada dos europeus ao Brasil. Ela substituiu a pimenta-malagueta africana (atá). Pertence a Exu e é empregada em feitiços destinados a garantir a vitória sobre inimigos, além de dar vigor sexual. Pode ser encontrada em mercados, feiras e também floriculturas, pois é cultivada em vasos como planta ornamental.

Pinhão-roxo
Fruto de uma planta nativa do Brasil, também chamado olobotujé, tem propriedades medicinais. Pertence a Iansã e é usado em feitiços de limpeza e proteção. Pode ser encontrado em herboristas e lojas de artigos religiosos.

Pitangueira
Pequena árvore nativa do Brasil, também chamada itá, é consagrada às entidades das matas e usada em magias de limpeza e proteção. É freqüentemente cultivada em jardins, e suas folhas podem ser encontradas em herboristas.

Rosa
Arbusto ornamental originário da Ásia, consagrado entre muitos povos às deusas do amor. No Brasil, as rosas vermelhas são ofertadas principalmente a Iansã, Euá e Obá, sendo usadas em feitiços para obter vitória, amor, sedução e união. As brancas

são dadas a Iemanjá, com pedidos de sorte, felicidade e fortuna. As amarelas são oferecidas a Oxum, com pedidos de amor e prosperidade. As flores são vendidas em floriculturas; muitas variedades da planta são cultivadas em jardins.

Salsa
Erva condimentar nativa da Europa, tem uso mágico antigo nesse continente. Alguns a conhecem pelo nome espanhol, peregil. No Brasil é utilizada para atrair a proteção das entidades espirituais. É encontrada em feiras e mercados.

Sândalo
Árvore asiática cuja madeira apresenta um aroma agradável, é usada desde a Antiguidade na produção de perfumes. Na magia é consagrado às deusas do amor, sendo usado em feitiços de união e harmonia. Pode ser encontrado em pó, nas casas de artigos religiosos.

Vassourinha-de-nossa-senhora
Também chamada vassourinha-mofina, vassourinha-de-botão e misim-misim, é uma erva nativa do Brasil. É consagrada a Oxum e usada em feitiços para atrair sorte e sucesso. Pode ser encontrada em herboristas.

FUMO E DERIVADOS

Cachimbos
São os instrumentos preferidos pelos pretos-velhos para fumar. Os cachimbos e o fumo adequado para eles (em pacotes ou de rolo) são encontrados nas lojas de produtos religiosos.

Charutos
Os charutos são dados principalmente a exus e caboclos, além de alguns orixás como Ogum e Xangô. Quando fizerem parte de

uma oferenda, devem ser postos ao lado do material principal (feitiço, comida etc.) já acesos.

Cigarros e cigarrilhas
Os cigarros e cigarrilhas industrializados são apreciados por entidades femininas, como pomba-giras e algumas ciganas. Os cigarros de palha são preferidos pelas entidades das matas. Também devem ser entregues acesos, como os charutos.

Fumo
O fumo ou tabaco é uma planta nativa da América, que era usada pelos índios, antes da chegada dos europeus, em rituais mágicos e religiosos: a fumaça das folhas queimadas tem poderes de limpeza e cura espiritual. As folhas secas e picadas são vendidas em pacotes e usadas em cachimbos ou para confeccionar cigarros de palha. Esses pacotes podem ser encontrados em lojas de artigos religiosos.

Fumo-de-rolo
Também chamado de fumo-de-corda, consiste num cilindro formado pelas folhas de fumo enroladas e secas. Desse cilindro são picadas pequenas porções, que são postas no cachimbo. É encontrado em lojas de artigos religiosos e feiras. De modo geral, é suficiente um pedaço pequeno para um feitiço — geralmente de limpeza, proteção ou cura. Se for usado para preparar um banho, o fumo deve ser desenrolado e picado, para que a água absorva melhor suas propriedades.

LÍQUIDOS

Água
É muito usada em magia para o preparo de banhos e comidas. Se não houver indicação específica, poderá ser usada água limpa comum, de preferência filtrada ou fervida. É comum, entretanto, o

uso de água de chuva, coletada pela própria pessoa que irá fazer os feitiços. Algumas entidades apreciam água mineral sem gás.

Anis (licor)
É uma das bebidas preferidas pelas pomba-giras, sendo também aceita pelas entidades femininas do povo d'água, pelas ciganas etc. Se a oferenda for feita num altar em casa ou no templo, pode ser retirado um cálice de uma garrafa destinada especificamente para esse fim, sendo o restante guardado para outras oferendas. Se a bebida for entregue num lugar exterior (rua, mata etc.), deve ser comprada uma garrafa somente para essa ocasião. Ela deve ser aberta ao ser feita a oferenda: uma garrafa fechada é uma falta de cortesia imperdoável. A recomendação tradicional é que uma parte da bebida seja posta num cálice e o restante seja deixado na garrafa ao lado da oferenda. Uma orientação mais moderna, alinhada com a preocupação com a preservação do meio-ambiente, recomenda que a bebida seja derramada formando um círculo em torno dos outros materiais da oferenda, e que não sejam deixados no local nem garrafa nem copos.

Cachaça
É a bebida preferida de muitas entidades masculinas, como exus e caboclos. A orientação para seu uso é igual à apresentada em relação ao anis.

OBJETOS DIVERSOS

Agulhas
Além de servir para costurar objetos, as agulhas fazem parte de certos feitiços. Devem ser compradas especialmente para uso mágico.

Alfinetes
São usados para prender objetos entre si, em diversos tipos de feitiços. Devem ser adquiridos especialmente para o uso mágico.

Barbante
Serve para realizar certas amarrações. Você deve ter um rolo de barbante comprado especialmente para seus feitiços.

Bonecos
Muitos feitiços são feitos com bonecos (geralmente de pano) que representam uma pessoa. Esse boneco pode ser muito simples, sem grandes detalhes, podendo ser comprado ou feito em casa. O importante é que ele seja submetido a um ritual que o "batize" com o nome da pessoa que ele deve representar. Em geral, o que é feito é prender ao boneco algum objeto ligado à pessoa (retrato, nome, cabelos, unhas, fragmento de roupa) e, em seguida, é dito que, a partir desse momento, o boneco será "Fulano". É importante observar que, em magia, devemos sempre declarar o nome completo da pessoa, para evitar confusões.

Embalagens
A embalagem mais comum para feitiços é o saquinho de pano (seda, algodão ou morim), couro ou napa, geralmente feito com um retângulo dobrado ao meio e costurado nas laterais, e com a boca amarrada (com linha, cordão ou fita) ou costurada. Alguns feitiços podem ser guardados dentro de caixinhas ou embrulhados em papel, de acordo com o que esteja especificado em suas instruções.

Geralmente, a embalagem é feita na cor associada ao tipo de feitiço realizado:

Vermelho: para amor, paixão, coragem e vitória.
Verde: para saúde, repouso e beleza.
Amarelo: para riqueza, fartura e fertilidade.
Azul: para harmonia, calma e espiritualidade.
Violeta: para sabedoria e equilíbrio.
Branco: para paz e proteção.
Preto: para afastamento e neutralização.

Fitas
As fitas são usadas para enfeitar oferendas e amarrar objetos entre si nos feitiços de amarração. Elas não precisam ser caras; a

única exigência é que sejam virgens, compradas especificamente para o uso em feitiços. As cores seguem o mesmo esquema simbólico descrito para as embalagens, ou o simbolismo das religiões afro-brasileiras:

Oxalá: branco;
Iemanjá: azul-claro;
Exu: vermelho e preto;
Omolu: preto e branco;
Nanã: roxo ou azul-escuro e branco;
Xangô: vermelho e branco ou marrom;
Iansã: vermelho e branco ou coral;
Ogum: vermelho ou azul-marinho;
Oxum: amarelo;
Oxóssi: verde ou azul-esverdeado;
Obá: alaranjado;
Ibeji: azul-claro, amarelo e cor-de-rosa;
Oxumarê: verde e amarelo ou as cores do arco-íris;
Euá: vermelho e branco;
Iroco: cinza e branco;
Logunedé: azul e amarelo;
Ossaim: verde e cor-de-rosa;
Povo da Rua (exus e pomba-giras): vermelho e preto;
Almas: preto e branco;
Pretos-velhos: preto e branco;
Espíritos ciganos: todas as cores claras.

Fósforos
Sempre que precisar acender velas, defumadores, charutos ou cigarros, você precisará adquirir uma caixa de fósforos especialmente para o feitiço. Quando o mesmo for entregue no lugar adequado, essa caixa será deixada junto a ele, aberta. Para acender velas e defumadores que queimarão no altar, basta ter uma caixa de fósforos destinada exclusivamente ao uso mágico.

Linhas
Além de serem utilizadas para costurar saquinhos de pano, bonecos etc., as linhas servem para amarrar peças entre si. Para essa finalidade, deve ser sempre usada linha virgem, ou seja, de um carretel adquirido especialmente para o feitiço a ser feito. Para as costuras, devem ser usadas linhas de carretéis reservados exclusivamente para o uso mágico. As cores das linhas seguem o esquema simbólico descrito para as embalagens e fitas.

Material para escrita
O papel mais comumente recomendado é o branco simples; mas também podem ser usados o papel-vegetal ou o colorido de qualquer tipo. Se não houver uma indicação específica, pode-se escrever com lápis ou caneta comuns ou na cor relacionada ao feitiço ou entidade (ver o esquema simbólico descrito para as embalagens e fitas). Nenhum desses materiais precisa ser caro ou ter características especiais. É essencial apenas que o papel seja virgem (ou seja, você deve usar uma folha de papel nova ou um pedaço de uma folha comprada exclusivamente para seus feitiços). Você deve ter também lápis ou canetas apenas para escrever seus feitiços, que não sejam usados para escrita comum.

Moedas e cédulas
Sempre que uma fórmula envolver moedas, é preferível que se procure utilizar as mais antigas — o vintém, por exemplo —, que adquiriram mais força mágica pelo maior tempo de uso. Somente quando isso for especificado é que deverão ser usadas moedas correntes. Quanto à cor e ao valor, se não forem especificados — por exemplo, uma moeda amarela ou uma de valor alto —, podem ser usadas moedas de qualquer cor e de valor baixo. Os mesmos critérios são aplicados às cédulas.

Pó-de-sumiço
Este é um dos muitos pós que podem ser adquiridos nas lojas de artigos religiosos. Eles são vendidos em potinhos com a quanti-

dade necessária para um feitiço, e geralmente seu nome indica sua finalidade mágica.

Pregos e parafusos
A não ser que haja alguma indicação específica, podem ser usados pregos e parafusos comuns, adquiridos em lojas de materiais de construção. O importante é que sejam virgens (exceto quando é particularmente desejado que já tenham algum tipo de uso) e que se observe o material de que são feitos quando isso for importante, pois eles podem ser de ferro ou alumínio (inadequado quando é desejado o efeito de ímã, exclusivo do ferro). Pregos e parafusos especiais, como os de linhas de trem, podem ser encontrados em lojas de artigos religiosos.

Recipientes diversos
Além do alguidar de barro, empregado tradicionalmente para as oferendas de alimentos, são necessários vidros com ou sem tampa, copos, pratos e potinhos para guardar feitiços prontos. Todos esses objetos podem ser encontrados nas lojas de artigos religiosos ou em bazares.

Résteas de cebola e alho
A réstea é a trança feita com as palhas, ou seja, as folhas secas que ficam pendentes dos bulbos de cebola e alho quando estes são colhidos. Esta é a forma tradicional de acondicionar esses bulbos para o armazenamento. Atualmente, nas grandes cidades, essas résteas podem ser encontradas em feiras, herboristas ou lojas de artigos religiosos. Elas não devem ser confundidas com résteas falsas, feitas com outros tipos de palha e bulbos artificiais, cuja finalidade é exclusivamente decorativa.

Retratos
São comuns os feitiços que usam retratos das pessoas a quem se destinam. Esses retratos podem ser pequenos e somente do rosto (como os retratos para documentos), e não há exigência de cor.

Se for difícil obter um retrato individual da pessoa, este pode ser recortado da cópia de uma foto de grupo na qual ela apareça.

Roupas
As roupas são muito usadas para representar pessoas em magia. Em geral é recomendado que se escolha uma peça íntima, pois essa é a parte da roupa que permanece em maior contato com o corpo, podendo criar um laço mágico mais forte com seu usuário. Para que esse laço se conserve e a roupa possa servir como ponte entre o feitiço e seu dono, é essencial que ela não tenha sido lavada após o uso, ao ser empregada para o fim mágico. Alguns feitiços não exigem que se use uma peça de roupa inteira, mas apenas uma pequena parte, como um botão, um pedacinho de tecido cortado de uma parte interna da costura ou mesmo um simples fiapo do tecido ou da linha com que a roupa foi costurada. Essa prática respeita o princípio mágico de que a parte representa o todo, e pode facilitar a aquisição do material para o feitiço.

Tecidos
O tecido mais utilizado nos feitiços brasileiros é o morim, que é barato e pode ser encontrado, em diversas cores, nas lojas de artigos religiosos. Mas podem ser usados outros tecidos nas cores e texturas adequadas, conforme a necessidade de cada feitiço. A escolha das cores segue o mesmo simbolismo descrito para as embalagens e fitas.

Utensílios cortantes
Você precisará ter uma tesoura de bom corte e uma faca, especialmente destinados ao preparo do material para seus feitiços.

Utensílios de cozinha
Você deverá ter panelas para preparar o que deva ir ao fogo, sendo que uma será destinada ao preparo de banhos e cozimentos de ervas e outra ao aquecimento ou queima de materiais de

certos feitiços. Você precisará também de coador para chás e banhos, ralador, colher e abridor de garrafas.

Velas

Existe uma grande variedade de velas disponível no comércio. A mais comum é a vela branca pequena, que queima em cerca de três horas. Esta é a usada na maioria dos feitiços — quando não é especificado outro tipo na lista de materiais, está implícito que a vela a ser usada é a comum.

A vela branca é feita de parafina. Existe também a vela de cera, mais amarelada, que é exigida para alguns feitiços. Podem ser usadas ainda velas de cores específicas, que simbolizam as forças mágicas que desejamos mobilizar (seguindo o simbolismo descrito para as embalagens e fitas), e velas que queimam por períodos longos, como as de três e sete dias. Por fim, existem velas modeladas na forma de objetos diversos, utilizadas em feitiços especiais.

Ao acender uma vela, devemos sempre tomar todos os cuidados necessários para evitar um incêndio. Em casa, ela deve ser posta num recipiente adequado, que será um castiçal para as velas pequenas e um pote para as de três ou sete dias. Se quiser aumentar a margem de segurança, ponha essa base dentro de outro recipiente maior com um pouco de água no fundo, para evitar que o fogo se espalhe se a vela tombar. Na mata, a vela deve ser acesa dentro de um buraco estreito cavado no solo (que deverá estar bem limpo em torno), de modo que sua chama não possa ter contato com folhas secas ou outro material inflamável. Desta forma, poderemos fazer nossas oferendas sem correr o risco de destruir a natureza.

PRODUTOS MINERAIS

Areia

Dependendo do objetivo, pode ser usada areia de rio ou de mar. O ideal é que seja coletada na natureza, pela própria pessoa que fará o feitiço, seguindo o mesmo procedimento ritual descrito adiante para a coleta de terra.

Azougue
É o nome antigo dado ao mercúrio, que tem a fama de energizar qualquer tipo de encantamento. É comprado nas lojas de produtos religiosos, em vidrinhos com uma pequena quantidade, suficiente para um feitiço.

Barro, tabatinga
A argila vermelha ou branca tem muitos usos na feitiçaria afro-brasileira. O ideal é que seja recolhida na natureza por quem irá fazer o feitiço, seguindo o mesmo procedimento ritual descrito adiante para a coleta de terra.

Cinzas
Podem ser obtidas da queima de papel, madeira ou carvão.

Enxofre
O enxofre em pedra pode ser encontrado em lojas de artigos religiosos, de tintas e de ferragens.

Pemba
A pemba é um giz especial, que tem empregos litúrgicos e mágicos nas tradições religiosas e mágicas afro-brasileiras. Esse material será discutido mais detalhadamente num capítulo especialmente dedicado a ele.

Terra
Muitos feitiços empregam terra de procedências específicas, como estradas, pátios de igrejas, matas ou cemitérios. Essa terra deve ser recolhida pela própria pessoa que fará o feitiço. Geralmente não é necessária uma grande quantidade, mas apenas um pequeno punhado. Como essa coleta faz parte de um ritual mágico, é necessário que o indivíduo peça licença às entidades

que residem e governam o local, antes de pegar o que deseja, e que deixe uma pequena oferenda (uma moeda, uma fruta etc.) em retribuição.

RESINAS E AROMAS

Cânfora
É a essência extraída de uma árvore asiática chamada canforeira. É usada em magia para atrair a proteção de entidades benéficas. É vendida em tabletes, e pode ser encontrada em farmácias e lojas de artigos religiosos.

Incenso
Também chamado franquincenso, incenso-macho ou incenso-de-igreja, é a resina de uma árvore asiática usada desde a Antiguidade como perfume ambiente em ritos religiosos, nos quais simboliza a espiritualidade. Na tradição afro-brasileira, a resina é consagrada a Oxalá e usada em defumações de limpeza e proteção. É encontrado em lojas de artigos religiosos. O nome também é usado popularmente para designar qualquer defumador, especialmente aqueles em forma de palitos, originários das tradições orientais, com perfumes variados.

Mirra
Resina de uma árvore asiática, usada desde a Antiguidade em rituais mágicos. Na magia brasileira, é empregada para atrair a proteção de espíritos benfazejos. Pode ser adquirida em lojas de artigos religiosos.

Perfumes
Os perfumes são um componente fundamental em todas as tradições mágicas. Cada divindade, entidade espiritual ou força cósmica possui um ou mais aromas associados, e estes são usados para evocá-las e atrair seu poder. A tradição afro-brasileira

conservou essa prática, incorporando elementos de diversas tradições. Desta forma, os perfumes dedicados aos orixás, às entidades da umbanda e às diversas finalidades mágicas incluem aromas de origem africana, indígena, européia e oriental.

É impossível apresentar uma relação completa de todo esse material. Como exemplos, podemos dizer que os aromas doces e suaves, como a rosa e o jasmim, são usados em magias de amor e harmonia; os fortes e sensuais, como o almíscar e o patchuli, para o sexo e o vigor físico; os picantes e acres, como a pimenta e a arruda, para feitiços de afastamento e limpeza; os cheiros de especiarias quentes, como a canela e o cravo, para riqueza e sucesso; os frescos e estimulantes, como o limão e a alfazema, para despertar a mente; as resinas, como o incenso e a mirra, para a espiritualidade.

Também é muito difícil apresentar uma informação definitiva sobre os aromas consagrados aos orixás e entidades afro-brasileiras, pois cada tradição segue um esquema diferente, podendo ser encontrados desde aromas oriundos do esoterismo europeu até ervas aromáticas usadas nos rituais africanos. Dependendo da finalidade, poderão ainda ser usados aromas individuais ou misturas das ervas consagradas à entidade. Como referência geral, podemos adotar a seguinte relação de aromas:

Oxalá: laranja e malva;
Iemanjá: jasmim e colônia;
Omolu: mirra e cravo;
Nanã: manjerona e limão;
Ogum: eucalipto e guiné;
Obá: manjericão;
Xangô: manjerona e incenso;
Iansã: benjoim e alecrim;
Oxóssi: louro e jasmim;
Oxum: manjericão e rosa;
Logunedé: alecrim;
Ossaim: baunilha;
Oxumarê: bergamota;

Iroco: guiné;
Euá: alfazema;
Ibeji: benjoim;
Exu: pimenta;
Caboclos e caboclas: eucalipto e pinho;
Exus e pomba-giras: cedro e patchuli;
Pretos-velhos e pretas-velhas: tabaco;
Ciganos e ciganas: sândalo;
Crianças: maçã.

As lojas de artigos religiosos vendem perfumes especificamente destinados às diversas entidades das religiões afro-brasileiras, feitos com misturas de seus aromas preferidos. Para outras finalidades, podem ser adquiridos perfumes prontos ou essências individuais, encontradas em lojas de artigos para produção artesanal de perfumes.

Sândalo
É uma árvore asiática cuja madeira, suavemente perfumada, é usada há muitos séculos em magia, sendo consagrada às deusas do amor. Na tradição afro-brasileira, o sândalo é usado em defumações, banhos e perfumes para limpar pessoas e ambientes, atraindo a proteção de entidades benfazejas e favorecendo a elevação espiritual. Pode ser encontrado, sob a forma de pó, em lojas de artigos religiosos.

BANHOS

O BANHO DE ERVAS É DE FUNDAMENTAL IMPORTÂNCIA, NÃO SÓ nos rituais litúrgicos afro-brasileiros, como também no nosso dia-a-dia. Sua eficácia é ainda mais acentuada quando ele é preparado com fé, dentro do fundamento mágico, e incluindo as ervas de acordo com combinações precisas.

 Os banhos feitos com ervas são vistos como um costume introduzido pelos africanos, embora, em quase todas as religiões e em diversas sociedades, a sua prática seja constante e diversificada. Entretanto, os africanos trouxeram-nos ritos mágicos nos quais o ato de banhar-se com ervas, antes de uma cerimônia, é uma necessidade. Nos rituais afro-brasileiros, há um sacerdote — o babalossaim — especializado na coleta de ervas sagradas e no preparo de banhos. A importância desses banhos, dentro dos rituais de iniciação, é fundamental para um bom desempenho em cada uma das suas etapas e no todo.

TIPOS DE BANHOS MÁGICOS

Banho de abô
É usado no ritual de iniciação e na limpeza de objetos considerados sagrados e mágicos. Ele somente pode ser aplicado por elemento qualificado dentro da religião, que conhece os segredos do axé.

Amaci
É um banho preparado exclusivamente para a lavagem da cabeça do iniciado. Assim como o banho de abô, é feito apenas por um sacerdote qualificado para realizar o ritual.

Banho de descarrego
Tem como finalidade livrar o indivíduo de fluidos negativos e atrair boas vibrações magnéticas. Pode ser preparado por qualquer pessoa que deseje tornar esse ritual mágico uma parte de sua rotina de proteção espiritual.

COMO PREPARAR UM BANHO

Material necessário
Como já vimos na *Matéria mágica,* as ervas empregadas nos banhos podem ser encontradas em feiras, mercados e casas de artigos religiosos. Além delas, você irá precisar do seguinte equipamento:
- uma panela de tamanho apropriado (aproximadamente dois litros);
- um recipiente para colocar o líquido já pronto para ser usado;
- um coador que possa ser encaixado na boca do recipiente descrito.

Modo de preparar
Na preparação dos banhos com finalidades rituais, o processo empregado é o da maceração a frio da erva, que é colocada num

recipiente de barro, juntamente com outros ingredientes. Geralmente, o recipiente é enterrado, numa determinada fase da Lua, por um período de três dias; surge assim o lado mágico de sua execução e finalidade.

Existem também receitas mais simples, como as que são aqui apresentadas, que qualquer pessoa pode preparar em sua casa para uso imediato, pois não exigem esse longo período de maturação. Quer seja preparado a quente ou a frio, o líquido é coado na hora de usar.

O resíduo dos banhos mágicos, ou seja, as ervas empregadas, não deve ser jogado no lixo comum, mas entregue em algum local onde existam plantas, como uma mata ou um jardim. Se o banho for destinado a afastar más influências, as ervas devem ser despachadas longe da casa de quem o tomou.

Modo de usar
Tome um banho comum de higiene. Em seguida, despeje o líquido já coado sobre o corpo, deixando que escorra somente do pescoço para baixo (pouquíssimos banhos podem ser despejados na cabeça, e só podem ser usados com orientação religiosa).

Não se enxugue. Deixe o líquido secar naturalmente sobre a pele e vista uma roupa limpa.

Se não houver nenhuma indicação específica, o melhor horário para tomar o banho é antes de dormir.

BANHO DE DESCARREGO

Ingredientes:
- folhas de pitangueira;
- folhas de aroeira;
- folhas de guiné;
- folhas de arruda;
- folhas de pinhão-roxo;
- um litro de água.

Modo de fazer:
Coloque a água no fogo. Quando estiver fervendo, junte as ervas. Aguarde cerca de cinco minutos e retire do fogo.

Deixe repousar, mantendo a panela tampada. Assim que o líquido estiver morno, coe e use.

Tome esse banho pelo menos três vezes na semana.

BANHO CONTRA O OLHO-GRANDE

Ingredientes:
- um punhado de sal grosso;
- um pedaço de fumo-de-rolo;
- um pouco de mel;
- um dente de alho socado;
- raspa de casca de aroeira;
- um litro de água.

Modo de fazer:
Misture tudo sem ferver. Use do modo indicado anteriormente. Os dias e horários podem variar, mas esse banho deve ser usado de modo continuado.

BANHO DE ATRAÇÃO (1)

Ingredientes:
- folhas de malva;
- folhas de eucalipto;
- folhas de colônia;
- pétalas de um cravo branco;
- pétalas de uma rosa branca;
- um litro de água.

Modo de fazer:
Leve a água para ferver. Junte as ervas, deixe descansar e coe.

Este banho deverá ser tomado na hora de dormir ou antes de sair.

BANHO DE ATRAÇÃO (2)

Ingredientes:
- folhas de manacá;
- folhas de mil-homens;
- pétalas de girassol;
- um litro de água.

Modo de fazer:
Prepare e use da mesma forma indicada para o banho anterior.

DEFUMAÇÕES

A PALAVRA "DEFUMAR" SIGNIFICA EXPOR ALGO À FUMAÇA, geralmente aromática, produzida pela queima de ervas, madeiras e resinas. A defumação constitui um ritual mágico que remonta à Antiguidade.

A fumaça é usada em quase todas as religiões, mas sua significação varia de crença para crença. Na Índia, algumas seitas prestam culto a ela, que para muitos encerra grande valor místico. Na tradição judaico-cristã, a fumaça aromática é um presente feito a Deus; encontramos na Bíblia alusões à defumação, bem como a descrição dos ingredientes nela usados e a forma de sua aplicação.

Na sociedade brasileira, o uso da fumaça nos rituais religiosos foi introduzido pelos conquistadores europeus, embora já se encontrasse algo semelhante entre os indígenas, que utilizavam o fumo em ritos religiosos e mágicos, para promover o contato com os espíritos e usar seus poderes de profecia e cura. Já entre os escravos vindos da África, essa prática não era difundida.

Nos rituais mágicos dos povos tupis, a defumação preferida era (e ainda é) feita com o tabaco. Por isso, esse produto é muito usado, até os dias de hoje, em terreiros de culto umbandista (onde atuam os espíritos caboclos) e de rituais de origem ameríndia.

A função principal da defumação é atrair as vibrações positivas e os espíritos benfazejos, afastando os males, as vibrações negativas e os maus espíritos. Atualmente, usa-se a defumação para diversos fins mágicos, embora, dentro dos templos religiosos, sua finalidade seja somente a de harmonizar o ambiente para um bom trabalho espiritual.

Existem à venda, nas casas de artigos religiosos, defumadores prontos para inúmeras finalidades, apresentados sob a forma de tabletes, bastões ou misturas para serem queimadas. Entretanto, aqueles que conhecem os segredos da magia preferem preparar suas próprias misturas a serem queimadas em carvão, adquirindo os ingredientes separadamente. As receitas aqui apresentadas são deste último tipo.

Quem preferir adotar esse tipo de defumação, mas nunca usou um incensório (turíbulo), deve treinar o processo de acender o carvão com antecedência, para não estragar o material do defumador.

Vale ainda lembrar o uso de perfumes dispersos no ambiente sem fumaça, por vários meios. Nos rituais afro-brasileiros, é costume cobrir o piso do terreiro com folhas aromáticas, cujo perfume se desprenderá conforme elas sejam pisadas pelos participantes do culto.

Os defumadores podem ser substituídos por vaporizadores, formados por um potinho, onde é colocada uma porção de líquido aromático (geralmente uma essência concentrada), o qual é disposto sobre um dispositivo aquecedor (vela ou lamparina) que faz com que a essência evapore e perfume o ambiente. Esses vaporizadores podem ser usados com aromas prontos, para diferentes fins mágicos, ou com misturas de essências preparadas pelo oficiante do ritual mágico, de acordo com suas necessidades, seguindo o simbolismo descrito no item sobre os perfumes.

ORIENTAÇÕES GERAIS SOBRE AS DEFUMAÇÕES

Material necessário
- um recipiente apropriado para queimar carvão, que pode ser um incensório de metal ou barro, um pote ou mesmo um pequeno caldeirão sobre uma base que possa ser segura sem que o oficiante se queime;
- uma porção de carvão quebrado em pedaços pequenos;
- fósforos;
- algum tipo de isca para ajudar a acender o fogo (encontrada em locais que vendem equipamentos para churrasco), se for julgado necessário;
- a mistura de ervas e resinas a ser queimada;
- uma vela comum;
- um copo com água.

Procedimentos
Antes de começar a defumação, deve-se acender a vela para o anjo-da-guarda de quem está realizando o ritual, deixando-a num lugar alto (numa prateleira alta, por exemplo). É recomendável também colocar um copo com água ao lado da vela, para absorver os maus fluidos.

Coloque o carvão dentro do recipiente e acenda o fogo. Quando todo o carvão estiver transformado em brasas vivas, ponha a mistura de ervas e resinas por cima e use imediatamente. Segure o recipiente, tomando cuidado para não se queimar, e leve-o a cada um dos compartimentos do local a ser defumado, seguindo a ordem prescrita no ritual (que será indicada para cada tipo de defumador). Movimente o recipiente dentro de cada cômodo, de modo a cruzar (traçar uma cruz) com fumaça em cada um dos seus cantos. Durante o ato de defumar, deve-se fazer uma prece relativa ao objetivo que se quer alcançar.

Depois de encerrado o ritual de defumação, o material deve ser deixado dentro do recipiente, em lugar adequado (o que varia conforme o tipo de defumação, como veremos adiante), até que termine de queimar. A seguir, deve ser despachado em lugar adequado, e não jogado no lixo comum. A água do copo deverá ser despejada em água corrente (que pode ser a da torneira de uma pia ou lavatório).

DEFUMAÇÃO CONTRA O MAL

Ingredientes:
- um coração de peixe (seco);
- folhas de alecrim;
- um punhado de mirra;
- um punhado de enxofre;
- um punhado de incenso.

Modo de fazer:
Esta defumação deve sempre ter início nos fundos da casa, caminhando-se em direção à frente. Ao chegar na entrada, deixam-se os resíduos do lado de fora da porta ou, se isso for totalmente impossível, bem junto a ela, pelo lado de dentro. Esses resíduos deverão ser despachados numa encruzilhada ou em água corrente, longe de casa.

A oração recitada durante a defumação pode ser:
Que todo mal, feitiço, olho-grande e bruxaria se afastem desse lugar, em nome de Deus Pai, Deus Filho e Deus Espírito Santo. Amém.

DEFUMADOR PARA ATRAIR O BEM

Ingredientes:
- folhas de ipê-amarelo;
- folhas ou bagaço de cana-de-açúcar;
- folhas ou sementes de girassol;
- palhas ou cabelos de espiga de milho.

Modo de fazer:
Este defumador deve começar a ser passado na entrada da casa e terminar nos fundos, onde os resíduos devem ser deixados até terminar de queimar. Esses resíduos podem ser postos na terra de um canteiro ou vaso de planta que exista na casa.

Uma oração apropriada para a ocasião:
Que todo bem entre nessa casa, e que saiam todo mal, feitiço, olho-grande ou bruxaria, em nome de Deus Pai, Deus Filho e Deus Espírito Santo. Amém.

DEFUMADOR PARA MELHORAR AS FINANÇAS

Ingredientes:
- folhas de louro;
- um punhado de cravo-da-índia;
- alguns pedaços de canela em pau;
- uma pequena porção de noz-moscada ralada ou picada;
- um pouco de dandá-da-costa;
- um punhado de alpiste.

Modo de fazer:
Este defumador também é passado de fora para dentro da casa, terminando de queimar no seu interior. O resíduo deve ser posto na terra, dentro de casa.

A oração pode ser a seguinte:

Que a paz, a fortuna e a prosperidade entrem por essa porta e fiquem nesse lar, em nome de Deus Pai, Deus Filho e Deus Espírito Santo. Amém.

DEFUMADOR PARA HAVER PAZ NO LAR

Ingredientes:
- folhas de girassol;
- folhas de laranjeira;
- flores de laranjeira;
- folhas de manacá;
- folhas de algodoeiro.

Modo de fazer:
Comece a defumar na porta de entrada e continue até os fundos da casa. Ponha o resíduo ao pé de uma planta que exista em casa.

A prece deve ser dirigida a Nosso Senhor do Bonfim:
Que Nosso Senhor do Bonfim dê paz e harmonia a este lar, em nome de Deus Pai, Deus Filho e Deus Espírito Santo. Amém.

FEITIÇOS

O FEITIÇO É UMA FORMA DE MAGIA, QUE PODE SER EMPREGADA tanto para o bem quanto para o mal. A palavra *feitiço* vem do latim *facticius*, que quer dizer factício, artificial. Refere-se especificamente a um tipo de magia que imita (ou seja, cria uma representação artificial) de um fenômeno ou poder da natureza, como a água, o Sol, o fogo etc., a fim de aplicar suas virtudes sobre um objeto ou indivíduo. O termo está relacionado com *fetiche*, imagem ou objeto representativo (ou seja, modelo artificial) de um poder ou indivíduo que, depois de passar por um processo de encantamento, adquire poderes mágicos, podendo funcionar como um talismã ou como veículo de um sortilégio.

O feitiço, quer como arte, quer como necessidade econômica ou política, tomou conta da alma do povo brasileiro e aqui criou raízes. Da mistura de crenças, valores e rituais dos povos europeus, africanos e indígenas aqui reunidos, surgiu a magia cabocla-morena, o saber popular brasileiro. O feitiço brasileiro é uma mistura das composições mágicas contidas nessas diferentes culturas: a européia, com suas crenças ligadas à religião católica, aos mitos e tradições populares da Europa; a africana, com seus fetiches, suas ervas, seus cantos e danças; e a indígena, com suas defumações, cantos, danças, animais, raízes e pedras. As três uniram-se, dando origem a um mundo mágico que tem seus próprios ingredientes, feitiços, ebós e bruxarias. Assim, foram as senzalas, os quilombos, as matas e as aldeias o laboratório propício dessa *ciência* popular brasileira.

É na natureza que se encontra, na sua essência, o verdadeiro feitiço. Os seres humanos sentem a força do feitiço da natureza através do som, da cor, da luz e do perfume, os quais vão determinar as suas reações. E mais: todos nós carregamos um pouco de feitiço dentro de nós; são as vibrações peculiares, próprias da natureza de cada um. Elas têm força própria e, quando despertam, sua presença é reconhecida no olhar do seu portador, como acontece no fenômeno do mau-olhado. Os objetos e animais também carregam essa força, que pode ser benéfica ou maléfica. A esse fenômeno denominamos feitiço natural. Existe ainda o feitiço impregnado, que é aquele no qual é usada uma força estranha ao seu agente, que a capta de alguma forma.

O feitiço não faz parte necessariamente de uma religião, assim como não é indispensável ser especialista para fazê-lo, embora haja pessoas dotadas de forças poderosas, capazes de executá-lo com maior sucesso que outras. Para aqueles que, crendo ou não, gostariam de experimentar, aqui estão algumas fórmulas de fácil execução, abrangendo quase todas as necessidades, principalmente aquelas mais imediatas. Avisamos apenas que é preciso ter fé, aquela fé que nos leva a praticar atos considerados inconscientes.

As receitas de feitiços que dependem de sacrifícios de animais foram excluídas desta obra, não por falta de conhecimento ou por preconceito, mas porque essas práticas envolvem conhecimento mágico iniciático, podendo ser executadas somente por pessoas devidamente especializadas e com longa experiência no assunto. Assim, estamos evitando o mau emprego desses conhecimentos, pois é fato que o sacrifício de animais pode ser usado para o bem ou para o mal, e queremos resguardar os leitores de uma possível experiência nefasta resultante do mau uso de uma fórmula, por não estarem aptos, preparados e conscientemente esclarecidos para empregá-la.

Como último lembrete, cabe registrar que você poderá executar esses feitiços (assim como as outras fórmulas deste livro) para si ou para outra pessoa. As instruções devem, portanto, ser entendidas de acordo com o caso específico. Assim, se for dito que um objeto deve ser passado no corpo, isso pode ter dois significados: se o feitiço for para você mesmo, passe-o no seu próprio corpo; se está fazendo o encantamento para outra pessoa, o objeto deverá ser passado no corpo dela — que, obviamente, deverá estar presente no momento da realização do ritual (o que nem sempre é necessário, dependendo do tipo de feitiço a ser realizado). A propósito, "passar no corpo", num ritual mágico, não significa esfregar o objeto na pele, mas passá-lo ao longo do corpo, a uma pequena distância dele, como se o usasse para retirar algo do campo de energia que envolve a pessoa.

FEITIÇO PARA ABRIR CAMINHOS (I)

Ingredientes:
- um metro de morim branco;
- três ovos;
- três moedas;
- três búzios abertos;
- três rosas brancas.

Modo de fazer:
Passe um a um os ingredientes no corpo: primeiro, os ovos; depois, as moedas, os búzios e finalmente as rosas. Com o morim

branco, prepare uma trouxa com todos esses objetos. Deixe-a numa igreja, no momento em que o padre estiver celebrando uma missa. Ao fazer isso, peça licença a todos os santos daquele templo, solicitando sua ajuda.

Os ovos não podem quebrar-se enquanto estiverem sendo manipulados. Caso isso aconteça, deve-se lavar o local com água e sal grosso, e deixar os restos dos ovos quebrados numa encruzilhada. Feito isso, deve-se refazer o feitiço desde o início.

FEITIÇO PARA ABRIR CAMINHOS (2)

Ingredientes:
- sete rosas brancas;
- um vidro de perfume de sua preferência;
- um metro de fita azul-clara;
- um metro de fita branca;
- uma vela branca (opcional).

Modo de fazer:
Retire todos os espinhos dos talos das rosas. Passe uma a uma pelo corpo, pedindo a Iemanjá que abra seus caminhos e lhe dê sorte, fortuna e prosperidade. Em seguida, borrife as rosas com o perfume e faça com elas um buquê, preso com um belo laço feito com as duas fitas.

Leve esse buquê para uma praia. Entre alguns passos na água. Conte sete ondas e, nessa sétima, entregue o buquê, sem jogá-lo, oferecendo-o à Senhora do Mar e a todo o seu povo.

Não é necessário acender uma vela mas, se sentir necessidade, pode fazê-lo.

FEITIÇO PARA AFASTAR INIMIGOS (1)

Esse feitiço serve para tirar alguém dos seus caminhos ou dos de uma pessoa que você ama.

Ingredientes:
- um mocotó (mão de vaca) cortado somente no meio, sem ser fatiado;
- um metro de fita vermelha;
- um metro de fita roxa;
- um litro de azeite-de-dendê;
- um frasco de pó-de-sumiço;
- um frasco de pó de raspa-de-veado;
- sete folhas verdes de erva-do-fogo;
- um punhado de pipocas feitas em areia lavada;
- um alguidar grande;
- um papel com o nome do desafeto escrito.

Modo de fazer:
Coloque o papel escrito dentro da mão de vaca. Ponha os pós por cima, feche o mocotó e prenda com as fitas enroladas em toda a peça, arrematando com um laço. Coloque no alguidar, cubra com a pipoca e derrame por cima bastante azeite-de-dendê.

Leve imediatamente para uma encruzilhada aberta (a que tem o formato de cruz, com quatro saídas), entregando a Exu.

FEITIÇO PARA AFASTAR INIMIGOS (2)

Este feitiço pode ser feito para pedir o afastamento simultâneo de uma ou mais pessoas que estejam prejudicando seus caminhos.

Ingredientes:
- um punhado de folhas de erva-do-fogo;
- um punhado de folhas de mata-cobra;
- um punhado de folhas de corredeira;
- sete pimentas-da-costa;
- sete pimentas-malaguetas;
- um frasco de pó de raspa-de-veado;

- um vidro de azougue;
- um pedaço de papel com o(s) nome(s) do(s) desafeto(s) escrito(s) sete vezes;
- um saquinho de morim preto;
- linha preta;
- uma vela branca.

Modo de fazer:
Leve ao fogo, numa panela ou frigideira, as folhas, as pimentas, o pó e o papel. Depois que estiver bem quente, retire do fogo e misture o azougue. Coloque tudo dentro do saquinho e feche-o com a linha preta.

Leve o saquinho, a vela e os fósforos para um cemitério. Enterre o saquinho, pedindo que os mortos levem aquele ou aqueles indivíduos para bem longe de sua vida, em nome da misericórdia divina.

Em seguida, acenda a vela sobre o local em que ficou enterrado o saquinho.

FEITIÇO PARA AFASTAR INIMIGOS (3)

Ingredientes:
- um pedaço de papel com o(s) nome(s) do(s) desafeto(s) escrito(s) sete vezes;
- um vidro de azougue;
- sete fios de cabelo da cauda de um cavalo;
- sete folhas de corredeira;
- uma garrafa de cachaça;
- uma vela preta;
- um charuto.

Modo de fazer:
Ponha numa panela ou frigideira as folhas, o papel e os fios de cabelo. Leve ao fogo até torrar. Coloque dentro da garrafa de cachaça, juntamente com o azougue.

Leve todo o material a uma encruzilhada aberta, entregando a Exu Teimoso. Acenda a vela e o charuto e disponha-os ao lado da cachaça; deixe também a caixa de fósforos aberta.

FEITIÇO PARA AMANSAR UMA PESSOA

Ingredientes:
- um coração de porco;
- um obi;
- um frasquinho de sândalo em pó;
- dezesseis quiabos;
- uma vela de sete dias branca;
- um vidro de perfume suave (opcional);
- um potinho vazio;
- um vidro de azougue;
- uma garrafa de mel;
- um vidro de água-de-flor-de-laranjeira;
- uma latinha de azeite-doce;
- três moedas;
- um vidro de boca larga, de tamanho suficiente para conter o coração;
- um pedaço de papel com o nome escrito ou um retrato da pessoa que se deseja amansar.

Modo de fazer:
Faça esse feitiço de preferência na Lua Nova.

Extraia as sementes dos quiabos; elas é que serão usadas no feitiço.

Divida o obi ao meio. Rale uma das metades. Coloque esse pó dentro do pote, juntamente com as sementes de quiabo e um pouco do pó de sândalo. Ponha esse pote num lugar protegido e acenda a vela ao lado, em intenção a Oxalá.

Feito isso, enterre a outra metade do obi, sem ralar, ao pé de uma árvore ou planta pequena, juntamente com as moedas.

Ainda no mesmo dia, prepare a outra parte do feitiço. Unte o coração com o azeite. Em seguida, abra-o (sem fazer um corte muito grande) e coloque dentro o papel escrito ou o retrato, e o azougue (derramado por cima). Feche o coração e ponha-o dentro do vidro, que será cheio até a metade com mel e completado com a água-de-flor-de-laranjeira. Esse vidro ficará guardado até o dia de finalizar o feitiço.

O pote com o pó deverá ficar onde foi posto, junto da vela acesa, durante sete dias. Passado esse tempo, soque bem o material, para que ele fique reduzido a um pó bem fino, e ponha-o dentro do vidro de perfume, que deverá ser dado à pessoa que se deseja amansar. Outra possibilidade é pôr o pó dentro de um vidro de perfume que a pessoa já esteja usando. É importante que o pó fique bem fino para que não fiquem muitos vestígios dele.

Nesse mesmo dia, o coração deverá ser enterrado no mato.

FEITIÇO PARA CONSERVAR O AMOR DE UMA PESSOA

Ingredientes:
- uma genitália de bovino (para obter o amor de um homem, use um testículo de boi; para o de uma mulher, a genitália de uma vaca);
- um vidro de boca larga com tampa;
- um vidro de azougue;
- um fio de cabelo de cada uma das pessoas;
- uma garrafa de mel.

Modo de fazer:
Abra a peça. Coloque dentro os cabelos e o azougue (derramado por cima), fechando-a em seguida. Coloque dentro do vidro e feche-o bem.

Ponha esse vidro na copa de uma árvore alta.

FEITIÇO PARA AMARRAÇÃO (1)

Ingredientes:
- um casal de bonecos de pano;
- dois pedaços de papel, cada um tendo escrito o nome de uma das pessoas, ou um retrato de cada uma;
- dois corações de animais (por exemplo, de frango), representando o casal;
- linha vermelha ou alfinetes;
- um metro de fita vermelha;
- uma fava de aridã;
- um frasquinho de pó-de-chama (opcional);
- um vidro de azougue (opcional);
- uma garrafa de mel;
- um vidro grande, de boca larga e com tampa;
- uma vela de cera.

Modo de fazer:
Usando linha ou alfinetes, prenda em cada boneco o respectivo nome ou retrato, e o coração correspondente (masculino e feminino). Em seguida, amarre os bonecos juntos, dando várias voltas com a fita e terminando com um nó forte.

Coloque os bonecos dentro do vidro. Pulverize com a fava de aridã ralada e derrame o mel por cima. Se quiser que o feitiço fique ainda mais forte, junte o azougue e o pó-de-chama. Tampe bem o vidro.

Leve todo o material para a beira do mar ou de um rio. Entregue o vidro na água e acenda a vela na margem.

FEITIÇO PARA AMARRAÇÃO (2)

Ingredientes:
- um alguidar;
- uma cabeça de porco;

- um papel tendo escritos os nomes das duas pessoas que se deseja unir;
- sete vidros de azougue;
- sete ovos;
- sete alfinetes;
- sete frasquinhos de pó-de-chama;
- uma garrafinha de mel.

Modo de fazer:
Coloque os ovos para ferver numa panela com água. Enquanto isso, ponha o papel escrito na boca da cabeça de porco, acrescentando o mel, o azougue e o pó-de-chama.

Retire os ovos do fogo e escorra. Enfie em cada um deles um alfinete. Enquanto estiver fazendo isso, firme seu pedido cantando três cantigas de exu (se quem está fazendo o feitiço for homem) ou de pomba-gira (se for mulher).

Coloque a cabeça de porco no centro do alguidar e arrume os ovos em volta. Entregue numa encruzilhada.

FEITIÇO PARA AMARRAÇÃO (3)

Ingredientes:
- uma anchova inteira;
- dois bonecos de pano representando um casal;
- um retrato de cada uma das pessoas que se deseja unir;
- um metro de fita branca;
- um carretel de linha branca;
- um agulha virgem;
- dois alguidares;
- um rolo novo de barbante;
- uma garrafa de mel;
- um vidro de azougue.

Modo de fazer:
Usando a fita, prenda cada retrato ao respectivo boneco.

Abra a barriga do peixe. Coloque em seu interior os dois bonecos, e despeje por cima o mel e o azougue. Em seguida, costure a abertura do peixe com a linha.

Ponha o peixe dentro de um dos alguidares. Tampe com o outro e amarre-os juntos com o barbante.

Jogue esse amarrado no mar, longe da praia, de modo que vá para o fundo.

FEITIÇO PARA CASAR (1)

Ingredientes:
- um frasquinho de sândalo em pó;
- uma pemba branca;
- uma rosa amarela;
- um vidro de perfume suave, de preferência que seja do agrado de seu (sua) namorado(a);
- um pires branco;
- uma vela de cera.

Modo de fazer:
Rale a pemba e misture o sândalo. Coloque esse pó no pires e cubra com as pétalas da rosa. Coloque num local reservado e ofereça a Oxum, acendendo a vela ao lado.

Deixe o pires como está durante três dias. Passado esse período, despeje o pó dentro do vidro do perfume e guarde-o. Sempre que for se encontrar com seu (sua) namorado(a), passe o perfume nas palmas das mãos.

FEITIÇO PARA CASAR (2)

Ingredientes:
- uma rosa tirada de uma igreja, de preferência do altar de uma santa;

- os retratos das duas pessoas que deseja unir;
- um saquinho feito com seda azul;
- três vidros de azougue;
- três sementes de bejerecum;
- linha azul;
- uma vela branca.

Modo de fazer:
Transforme as sementes em pó. Coloque-as dentro do saquinho, junto com as pétalas da rosa, os retratos e o azougue. A seguir, costure a abertura.

Deixe o saquinho no mesmo altar de onde tirou a rosa, e acenda a vela no local apropriado da mesma igreja.

FEITIÇO PARA CHAMAR (1)

Este feitiço destina-se a chamar ou atrair uma pessoa com quem ainda não temos um relacionamento estreito.

Ingredientes:
- um miolo de boi;
- um metro de fita vermelha;
- um metro de fita branca;
- um carretel de linha branca;
- uma garrafa de azeite-de-dendê;
- um papel com o nome da pessoa escrito sete vezes, ou seu retrato;
- um alguidar;
- um rolo novo de barbante (se for preciso);
- uma vela branca.

Modo de fazer:
Separe um pouco as duas partes do miolo (sem cortar) e ponha dentro dele o papel ou retrato. Junte as duas partes novamente

e amarre-as juntas com muitas voltas da linha. Use o carretel inteiro e, enquanto for enrolando o miolo, vá chamando pelo nome completo da pessoa. Feito isso, use as fitas para dar dois laços no miolo.

Coloque o miolo dentro do alguidar, derrame por cima o azeite-de-dendê e coloque-o num lugar seguro. Acenda a vela ao lado e entregue a um santo de sua devoção, ou então a um exu ou pomba-gira.

Quando a vela terminar de queimar, enterre o alguidar ou pendure-o (usando o barbante) numa árvore ou em sua casa.

FEITIÇO PARA CHAMAR (2)

Ingredientes:
- alguns fios de cabelo da pessoa que você deseja chamar;
- folhas de mulungu;
- um pires branco;
- uma vela de cera;
- um vidro de pó-de-chama;
- um pedaço de papel virgem.

Modo de fazer:
Escreva sete vezes no papel o nome completo da pessoa. Torre esse papel junto com os cabelos e as folhas.

Ponha o pó torrado no pires, juntando o pó-de-chama, e acenda a vela ao lado, entregando a um santo de sua preferência ou a algum exu ou pomba-gira.

FEITIÇO PARA CONSEGUIR EMPREGO

Ingredientes:
- três ovos;
- meio quilo de feijão-fradinho;

- meio metro de morim branco;
- um acaçá;
- uma vela de cera.

Modo de fazer:
Torre o feijão levemente. A seguir, passe todos os ingredientes no corpo, um a um. Feito isso, quebre a vela em três pedaços.

Coloque tudo dentro do pedaço de morim e faça uma trouxa. Leve-a a uma igreja, no horário de uma missa. Assista à missa até a hora em que o padre levanta a hóstia. Nesse momento, deixe a trouxa ali, retirando-se em seguida.

FEITIÇO PARA OBTER MELHORIA FINANCEIRA

Ingredientes:
- sete moedas;
- sete bolos de farinha de mandioca;
- sete ovos;
- meio quilo de milho para pipoca;
- um punhado de areia lavada;
- uma travessa de barro;
- uma garrafa de mel;
- uma vela branca.

Modo de fazer:
Prepare a pipoca na areia. Despeje-a na travessa e arrume por cima os ovos e os bolos de farinha. Enfie uma moeda dentro de cada bolo. Regue tudo com o mel.

Deixe junto da porta de um banco, com a vela acesa ao lado.

FEITIÇO PARA SEPARAÇÃO (1)

Embora essa prática exija muito cuidado e discernimento, às vezes torna-se desejável "dar um empurrãozinho" por meios mágicos, a fim de concretizar a separação de duas pessoas cuja relação (afetiva, de trabalho ou social) está muito desgastada ou mostra-se prejudicial para uma delas ou ambas, sem que elas consigam se libertar do laço para seguir melhores caminhos. Este feitiço busca resolver esse tipo de problema, e não provocar brigas para prejudicar alguém ou obter algum benefício à custa do sofrimento alheio. Portanto, ao fazer esse feitiço, esteja bem certo a respeito de seus motivos, pois uma lei básica da magia diz que tudo que você fizer e desejar a alguém, retornará para você.

Ingredientes:
- um miolo de boi;
- 17 pimentas-da-costa;
- 17 pimentas-malaguetas;
- 17 folhas de erva-de-fogo;
- um vidro de azougue;
- uma garrafa de cachaça;
- uma vela bicolor (vermelha e preta);
- um papel com os nomes das pessoas escritos.

Modo de fazer:
Leve ao fogo, para torrar, o papel, o miolo, as pimentas e as folhas. Quando estiver tudo bem torrado, amasse até obter um pó.

Abra a garrafa de cachaça. Derrame um pouco da bebida no chão, oferecendo a Exu. A seguir, coloque dentro da garrafa o pó torrado e o azougue e feche-a novamente.

Leve a garrafa e a vela a um cemitério. Enterre a garrafa num canto, com a boca voltada para baixo. Depois de fechar a cova, acenda a vela bem por cima desse lugar.

FEITIÇO PARA SEPARAÇÃO (2)

Ingredientes:
- um casal de caranguejos vivos e íntegros;
- um lápis;

- um saquinho de sal grosso;
- um litro de água.

Modo de fazer:
Batize os caranguejos com os nomes das pessoas que devem ser separadas, mas ao contrário, escrevendo (com o lápis, na casca) o nome da mulher no macho e o do homem na fêmea.

Leve os dois animais até um manguezal com bastante lodo. Comece a entregar o feitiço numa das extremidades do mangue, soltando aí um dos caranguejos, pondo-o de costas para a área central do mangue, enquanto canta três cantigas para Exu e três para Maria Padilha. Caminhe o máximo que puder, ao longo do manguezal, para longe desse lugar. Solte o outro caranguejo, de costas para o lugar onde soltou o primeiro. Repita as cantigas.

Ao chegar em casa, tome um banho feito com o sal e a água, derramando-o do pescoço para baixo.

FEITIÇO PARA TER SUCESSO NUMA VENDA (I)

Ingredientes:
- uma chave;
- um frasquinho de pó-de-chama;
- folhas de alecrim;
- folhas de vassourinha-de-nossa-senhora;
- água;
- um potinho vazio;
- um copo de vidro, liso e incolor, virgem;
- uma cédula de qualquer valor;
- velas brancas.

Modo de fazer:
Retire o sumo das ervas (inclusive o pó-de-chama), espremendo-as com um pouco de água e coando em seguida para o potinho.

Coloque a chave dentro desse sumo e deixe em lugar seguro por três dias.

Encha o copo com água pura e ponha-o em lugar seguro, com a cédula por baixo. Retire a chave de dentro do potinho e coloque no copo com água. Acenda ao lado uma vela para Oxum, senhora das águas doces e da riqueza.

Use o sumo das ervas para regar o objeto ou imóvel que deseja vender. Enquanto a venda não se realizar, deixe o feitiço onde está e acenda uma vela para Oxum todos os sábados.

FEITIÇO PARA TER SUCESSO NUMA VENDA (2)

Ingredientes:
- sete olhos de peixe;
- um copo de vidro, liso e incolor, virgem;
- uma garrafa de mel;
- uma rosa vermelha;
- três moedas;
- uma vela vermelha de sete dias.

Modo de fazer:
Vá a uma praia levando os olhos de peixe, as moedas e o copo. Entre na água. Conte sete ondas e, na sétima, lave todo o material com as mãos, pedindo ajuda ao povo do mar, na força de Ogum Beira Mar. Ao sair, encha o copo pela metade com água do mar. Você deve planejar com antecedência um modo de acondicionar isso de modo seguro, para levar até sua casa.

Assim que chegar em casa, complete o copo colocando as moedas, depois os olhos de peixe, a seguir o mel e por fim as pétalas da rosa. Nesse momento, fixe o pensamento naquilo que está desejando vender.

Ponha o copo em lugar seguro e acenda a vela ao lado. Passados sete dias, quando a vela terminar de queimar, leve o copo até a praia. Entre na água e peça licença ao povo do mar. Conte sete ondas e, na sétima, entregue o conteúdo do copo, sem jogar.

FEITIÇO PARA ATRAIR A SORTE

Ingredientes:
- sete folhas, sementes ou talos de açucena;
- sete folhas, sementes ou talos de artemísia;
- três rosas brancas;
- sete folhas de alfavaca;
- sete folhas de mãe-boa;
- um litro de água;
- um prato branco de louça;
- um pouco de mel;
- uma gema de ovo;
- uma vela branca, azul ou cor-de-rosa.

Modo de fazer:
Numa sexta-feira, no quarto crescente, prepare um banho feito com as ervas, as rosas e a água. Se for preciso, releia as instruções existentes no capítulo sobre Banhos.

Depois de tomar esse banho, coloque no prato o mel e a gema. Ponha o prato embaixo de sua cama e deixe-o aí durante sete dias.

Passado esse período, leve o prato a um parque ou jardim e deixe-o lá, com a vela acesa ao lado.

FEITIÇO PARA NEUTRALIZAR UM INIMIGO (I)

Ingredientes:
- a pele de uma cobra;
- uma porção de óleo-de-cobra;
- um pedaço de papel-vegetal.

Modo de fazer:
Escreva no papel vegetal o nome do indivíduo a ser neutralizado. Ponha esse papel de molho no óleo-de-cobra, deixando-o ficar durante cinco minutos. Passado esse tempo, retire-o e deixe secar.

Corte a pele de cobra no formato de uma palmilha que possa ser colocada no seu sapato esquerdo. Depois que o papel estiver seco, prenda-o nessa pele e ponha-a dentro do sapato que irá usar durante o dia, mentalizando que terá assim seu inimigo preso e submisso sob seu pé esquerdo.

Quando seu pedido for atendido, queime a palmilha e despache a cinza longe de casa.

FEITIÇO PARA NEUTRALIZAR UM INIMIGO (2)

Ingredientes:
- uma lima-da-pérsia;
- um pedaço de papel-vegetal;
- dois pregos virgens;
- um copo ou frasco de vidro de boca larga, liso, incolor, virgem;
- um punhado de sal grosso;
- um punhado de cinzas;
- vinagre.

Modo de fazer:
Escreva no papel o(s) nome(s) da(s) pessoa(s) a ser(em) neutralizada(s). Faça dois cortes em cruz na fruta, mas sem dividi-la em quatro pedaços. Enfie o papel dentro desse corte e feche a fruta com os pregos.

Coloque a lima dentro do copo ou frasco e cubra com sal, cinza e vinagre. Guarde o feitiço num lugar seguro e, quando conseguir o que deseja, leve-o para despejar seu conteúdo num lugar bem distante de sua casa.

FEITIÇO PARA RECEBER UMA DÍVIDA

Ingredientes:
- um copo de vidro liso, virgem;
- água;
- um pouco de mel (rosado ou puro);
- três agulhas novas;
- um pedaço de papel-vegetal;
- velas cor-de-rosa.

Modo de fazer:
Escreva o nome do devedor recalcitrante no papel, pregando nele, em seguida, as três agulhas.

Coloque esse papel no fundo do copo. Encha-o até a metade com água pura e complete com mel.

Coloque o copo assim preparado num lugar seguro, e acenda uma vela ao lado. Quando a primeira vela acabar, acenda outra. Repita esse procedimento quantas vezes forem necessárias, pois a vela deverá ficar queimando até o devedor liquidar a dívida.

FEITIÇO PARA AFASTAR UMA PESSOA IMPORTUNA

Ingredientes:
- um punhado de pêlos da cabeça de uma gata;
- um punhado de pêlos da cabeça de um cachorro;
- um punhado de pimenta-da-costa em pó.

Modo de fazer:
Leve os três ingredientes juntos ao fogo, torrando-os e transformando-os em pó. Guarde o pó num recipiente seco.

Na primeira oportunidade, sopre o pó nas costas ou nos calcanhares do indesejável, dizendo:

Assim como esse pó sobe para o ar e desaparece, assim Fulano (diga o nome da pessoa) *desapareça da minha vida para sempre. Amém, Jesus.*

PATUÁS

O PATUÁ É UM PEQUENO SACO QUE CONTÉM ALGUM TIPO DE material com poder mágico, e que se leva pendurado ao pescoço, preso na roupa ou dentro da bolsa. Esse nome, usado especificamente no Brasil, vem do termo tupi *patauá*, que designa um saco de couro ou pano, ou um cesto, usado pelos indígenas brasileiros para transportar comida, caça e utensílios diversos. Também é chamado "bentinho", pois às vezes deve ser bento ou consagrado a um santo para ter valor.

O patuá tem origem milenar e corresponde aos amuletos de outras tradições. Sua função mais comum é "fechar o corpo" ou curar uma determinada moléstia, mas serve também como "segurança" para que seu dono não perca emprego, marido, mulher ou dinheiro; como proteção contra mau-olhados, feitiços, malefícios e bruxarias. Portanto, funciona como feitiço e contra-feitiço.

PATUÁ PARA AMANSAR (1)

Este patuá serve para amansar uma ou mais pessoas ao mesmo tempo. Quando começar a prepará-lo, verifique a fase da Lua, pois ele não deve ser feito no quarto minguante.

Ingredientes:
- três dentes de alho;
- um saquinho de couro ou napa que possa ser fechado com uma tira ou cordão;
- um vidro de azougue;
- um metro de fita vermelha bem fina;
- três pedacinhos de papel.

Modo de fazer:
Escreva em cada papel o nome (ou nomes) de quem deseja amansar. Corte a fita em três pedaços iguais.

Dê um corte num dos dentes de alho, abrindo-o parcialmente ao meio, mas sem separar as duas metades. Ponha dentro dele um dos papéis e feche novamente, amarrando com um pedaço da fita. Repita o procedimento com os outros dois dentes.

Ponha os três dentes dentro do saquinho, junto com o azougue. Leve o saquinho para uma igreja esconda-o num altar onde se vá celebrar uma missa. Deixe-o aí durante sete dias. Passado esse tempo, retire-o, tendo o cuidado de deixar algumas moedas em retribuição.

PATUÁ PARA AMANSAR (2)

Este patuá serve para amansar uma pessoa com quem se tenha um relacionamento íntimo. Lembre-se de usar sempre o nome completo da pessoa no encantamento.

Ingredientes:
- um botão ou fragmento de tecido de uma roupa bastante usada pela pessoa (de preferência uma peça íntima);

- alguns pêlos da ponta do rabo de um gato preto;
- um saquinho de couro ou napa, com uma tira para fechar;
- um pedaço de papel com o nome da pessoa escrito;
- uma vela de cera.

Modo de fazer:
Coloque o papel, os pêlos e o fragmento de roupa dentro do saquinho, fechando-o em seguida.

Numa noite de lua cheia, à meia-noite, vá a uma encruzilhada aberta (em cruz) levando o material do feitiço. Acenda a vela e segure-a com a mão direita. Ponha o saquinho sob o pé esquerdo e recite a seguinte prece (dizendo o nome da pessoa onde está escrito "Fulano"):

Meu São Marcos Manso e meu São Marcos Brabo, abrandai o coração de Fulano(a), para que ele(a) não tenha paz nem sossego enquanto a mim não amar, estando ele(a), Fulano(a), preso(a) e amarrado(a) sob penas e obediências embaixo de meu pé esquerdo.

Traga o saquinho de volta para casa e enterre-o na soleira da porta, ou coloque-o dentro do seu travesseiro.

PATUÁ PARA DEFESA

Ingredientes:
- uma fava chapéu-de-napoleão;
- um saquinho de couro ou napa;
- um vidro de azougue;
- uma moeda pequena, antiga;
- um búzio aberto;
- folhas de aroeira;
- folhas de abre-caminho;
- folhas de arruda;
- folha de espada-de-são-jorge;

- folhas de guiné;
- um vidrinho de água-benta;
- um copo liso, branco, virgem;
- uma vela branca.

Modo de fazer:
Esprema o suco das ervas e misture com a água-benta. Ponha dentro do copo e coloque num lugar seguro. Coloque a fava, a moeda e o búzio dentro do copo e acenda a vela ao lado. Deixe de molho durante 24 horas.

Passado esse tempo, retire os três objetos do copo e ponha-os no saquinho, junto com o azougue. Feche o saquinho e recite uma oração para o santo de sua devoção.

O sumo deverá ser despejado ao pé de uma planta.

PATUÁ PARA ATRAIR O AMOR

A origem deste patuá é a feitiçaria do norte do Brasil, que usa o boto, conhecido sedutor de mulheres, para fazer encantos de amor. Entretanto, a prática de matar indiscriminadamente esses animais inofensivos e amáveis a fim de extrair as partes de seu corpo usadas em feitiçaria quase levou a espécie à extinção. O mesmo já ocorreu com diversas espécies de borboletas, também usadas neste encantamento, por serem consagradas às deusas do amor em muitas culturas. Para fugir desses males, apresentamos uma versão alternativa, harmonizada com uma postura de respeito à natureza. Os objetos utilizados para substituir os animais verdadeiros podem ser encontrados em lojas que vendem peças para bijuteria, objetos decorativos ou outros tipos de miniaturas. Também podem ser utilizadas cópias de fotografias, facilmente encontradas em revistas. Assim, você poderá utilizar esses dois símbolos amorosos, um masculino e outro feminino, sem ferir a natureza.

Ingredientes:
- uma miniatura de golfinho;
- uma réplica de borboleta;
- um metro de fita azul bem fina;
- um saquinho de seda azul;
- um vidro de azougue;
- uma vela branca.

Modo de fazer:
Amarre juntos o golfinho e a borboleta, dando um laço com a fita. Coloque-os dentro do saquinho, junto com o azougue, e feche o saco.

Coloque num lugar seguro (que pode ser em sua casa ou não), acenda a vela ao lado, para Maria Padilha, e deixe o saquinho durante um dia inteiro sob sua proteção. A seguir, pode usá-lo dentro da bolsa ou preso na roupa.

PATUÁ PARA ATRAIR A SORTE

Ingredientes:
- uma cabeça de alho;
- um tablete de cânfora;
- sete folhas de mãe-boa;
- sete folhas de salsa;
- um saquinho de pano ou napa branca.

Modo de fazer:
Faça este patuá de preferência numa sexta-feira, na Lua Nova. Coloque o alho, a cânfora e as folhas dentro do saquinho e feche-o. Leve-o imediatamente a sete igrejas, banhando-o em água-benta em cada uma delas.

Leve o patuá sempre preso na roupa ou pendurado ao pescoço, de modo que fique junto ao corpo.

PÓS E PEMBAS

A PEMBA É UM DOS MATERIAIS MAIS IMPORTANTES DOS RITUAIS afro-brasileiros. Consiste num giz preparado ritualmente para adquirir poderes especiais.

Segundo muitos pesquisadores, a pemba foi trazida pelos bantos, que já a faziam para seus ritos religiosos na África. Esta teoria é reforçada pelo fato de que a palavra *pemba* significa *cal* em quimbundo, e *mpemba* é o termo para *giz* em quicongo.

A pemba legítima é importada da África. O que torna essas pembas importadas tão especiais é o fato de que os artesãos entoam cânticos religiosos para consagrá-las enquanto realizam todas as etapas de sua produção: o minério extraído das jazidas de cal é pulverizado, misturado com corantes e cola, modelado e embrulhado em folhas de bananeira, depois de seco. Já no Brasil, a pemba é embrulhada em papel-de-seda e acondicionada em caixinha individual que indica sua cor, pois cada uma terá um uso específico.

A pemba inteira, depois de consagrada ritualmente, será usada para desenhar os pontos riscados da umbanda e outros traçados rituais. Geralmente são usadas as cores dos orixás chefes de linha: branco para Oxalá, azul para Iemanjá, vermelho para Ogum, amarelo para Iansã, verde para Oxóssi, preto para Omolu, vermelho ou preto para Exu.

A pemba ralada é usada como um dos ingredientes que compõem muitos pós mágicos, embora existam pós feitos sem pemba, podendo esta ser substituída por barro de rio ou outro tipo de terra, misturado com ervas, sementes, partes de animais e outros ingredientes, com variações decorrentes da influência dos valores culturais dos diversos povos que formaram as tradições religiosas e mágicas brasileiras. Em decorrência de sua origem, esses pós também são chamados "pembas", mesmo quando não são feitos com o giz pulverizado.

O pó de pemba é muito eficaz como feitiço, pois raramente deixa sinais de seu uso, o que é conveniente, especialmente quando o encantamento se destina a pessoas que não acreditam nesse tipo de trabalho mágico ou não devem ter conhecimento de seu uso.

PEMBA BRANCA

Essa pemba é usada para qualquer tipo de trabalho para o bem, especialmente para limpar ambientes e atrair a proteção de entidades benfazejas.

Ingredientes:
- um pouco de canela em pau;
- um punhado de grãos de incenso;
- dandá-da-costa;
- aniz-estrelado;

- um pedaço de cera de abelha;
- um pouco de barro recolhido na beira de um rio;
- um pedaço de gengibre.

Modo de fazer:
Rale o gengibre e ponha para secar bem. Faça o mesmo com o dandá. Moa o aniz e a canela. Soque separadamente o incenso e a cera. Ponha o barro para secar e depois esfarele-o bem.

Misture todos os ingredientes e coloque num vidro com tampa. Leve-o a uma igreja, para que seja abençoado por um padre durante a missa.

Guarde o vidro bem fechado, em lugar seco. Espalhe um pouco desse pó em casa ou no local de trabalho, sempre que sentir alguma perturbação no ambiente.

PEMBA PRETA

Esta pemba é considerada, por alguns, um instrumento de magia para o mal; mas ela pode ser mais especificamente usada para afastar e neutralizar inimigos e qualquer tipo de obstáculo, sem necessariamente prejudicar alguém, além de ser apropriada para neutralizar feitiços que usam forças das ruas e do cemitério, enfrentar doenças e qualquer tipo de malefício. Sua cor decorre do fato de que ela é consagrada às entidades dos cemitérios e das encruzilhadas, as que são mais capazes de afastar obstáculos dos caminhos e neutralizar perigos relacionados à morte.

Ingredientes:
- a pele de um sapo macho;
- os pêlos das pontas das duas orelhas de um gato preto;
- os pêlos da ponta do rabo de um cachorro preto;
- sete punhados de terra de cemitério;
- sete punhados de terra de uma encruzilhada;
- um cupim capturado vivo;

- uma pitada de osso raspado;
- velas brancas;
- fumo-de-rolo;
- sal grosso;
- charutos ou cachaça;
- um vidro de boca larga, com tampa.

Modo de fazer:
Quando apanhar a terra na encruzilhada e no cemitério, deixe uma retribuição, que pode ser uma vela acesa, um charuto ou uma garrafa de cachaça.

Moa a pele, os pêlos e o cupim até fazer um pó fino; misture o pó de osso e as terras. Coloque tudo dentro do vidro e tampe.

Numa noite de Lua Nova, à meia-noite, leve o vidro a um cemitério. Peça licença ao povo da calunga (cemitério) e enterre o vidro num canto discreto, acendendo uma vela no lugar adequado. Quando chegar a Lua Cheia, volte ao cemitério, também à meia-noite, e recolha o vidro. Recite uma prece de agradecimento a Exu Caveira e deixe como presente uma vela acesa, um pedaço de fumo-de-rolo picado e um punhado de sal grosso.

Guarde o vidro em lugar seco. Use esse pó com muito cuidado e discernimento, para defender-se, sem fazer mal a ninguém.

ORAÇÕES FORTES

A ORAÇÃO É UM ATO RELIGIOSO, POR SER DIRETAMENTE RELA-cionado às coisas sagradas. Existem certos ritos manuais, como as benzeduras consideradas com poder de curar, que se poderiam chamar de preces, porque são em realidade uma espécie de linguagem simbólica. Mas a oração propriamente dita é um rito oral que, em certas situações, pode ser materializado em objetos, como ocorre na devoção do rosário e na consagração de amuletos.

Em sua origem, a oração era constituída por uma fórmula curta, um cântico mágico-religioso recitado coletivamente, de acordo com regras fixadas pela religião, podendo mesmo ser proibido seu uso fora do âmbito estrito do ritual público. Com o tempo, a prece se desenvolveu, tornou-se mais elaborada e foi apropriada pelo culto privado, tornando-se instrumento de conversação do indivíduo com Deus. Mas a prece não é apenas a expressão de um sentimento pessoal. É um fragmento da religião que a produziu, um trecho de sua literatura sacra, o produto da devoção acumulada de muitas gerações.

A prece é um fenômeno social que abrange todos os aspectos da vida da coletividade. Está presente na instituição da família, empregada por quem deseja casar-se ou resolver problemas de uma união já existente. Nas instituições jurídicas, aparece nas fórmulas de proteção contra os abusos de poder e pela solução de questões legais. No campo da moral encontramos as preces expiatórias e, no econômico, as que pedem prosperidade, segurança e conforto. Para aqueles que têm fé, a eficácia da oração é tão grande que, quando as pessoas não encontram solução para seus problemas, dizem: "Só nos resta rezar!".

Podem-se notar algumas relações entre a prece e o feitiço. Na religião popular, o termo mais empregado para designar a oração é "reza", derivada de "recitar", por serem as preces decoradas e repetidas. Sob essa denominação encontramos as orações empregadas pelas rezadeiras para executar seus rituais de cura.

Existem preces que, vistas por certos ângulos, são verdadeiros encantamentos ou receitas mágicas, assim como certos feitiços se apresentam como verdadeiras preces de louvação e solicitação, além das consideradas forçosas, devido a seu poder de forçar uma realização. Essas preces são denominadas "orações fortes" e constituem parte importante do mundo mágico e religioso da maioria da população brasileira. Sua finalidade é variada, mas sempre está situada dentro do contexto da satisfação imediata das necessidades do povo.

As orações aqui apresentadas pertencem ao devocionário popular brasileiro. Ao registrá-las, buscamos manter a fidelidade à fonte, evitando "corrigir" a linguagem popular, exceto em poucas situações em que isso foi indispensável para o bom entendimento do texto.

ORAÇÕES CATÓLICAS PARA TODOS OS DIAS

Este grupo de orações, as mais simples e universais, foi adotado amplamente pelo catolicismo popular. Além de serem recitadas isoladamente, tais orações fazem parte do ritual de muitas outras orações, cuja recitação é iniciada, intercalada ou encerrada por um certo número de sinais da cruz, Pai-nossos, Ave-marias e Glórias, a que podem ser adicionados o Credo e o Salve-rainha.

Pai-nosso
Pai nosso, que estais no céu, santificado seja o vosso nome. Venha a nós o vosso reino. Seja feita a vossa vontade, assim na terra como no céu. O pão nosso de cada dia nos dai hoje. Perdoai as nossas ofensas, assim como nós perdoamos a quem nos tem ofendido. Não nos deixeis cair em tentação, mas livrai-nos do mal. Amém.

Ave-maria
Ave Maria, cheia de graça, o Senhor é convosco. Bendita sois vós entre as mulheres e bendito é o fruto do vosso ventre, Jesus. Santa Maria, Mãe de Deus, rogai por nós, pecadores, agora e na hora da nossa morte. Amém.

Glória-ao-pai
Glória ao Pai, ao Filho e ao Espírito Santo. Como era no princípio, agora e sempre. Amém.

Salve-rainha
Salve, Rainha, mãe de misericórdia, vida, doçura, esperança nossa, salve! A vós bradamos, os degredados filhos de Eva. A vós suspiramos, gemendo e chorando neste vale de lágrimas. Eia, pois, advogada nossa, esses vossos olhos misericordiosos a nós volvei, e depois deste desterro mostrai-nos Jesus, bendito fruto do vosso ventre, ó clemente, ó piedosa, ó doce sempre Virgem Maria.
Rogai por nós, Santa Mãe de Deus.
Para que sejamos dignos das promessas de Cristo.

Credo
Creio em Deus Pai, todo-poderoso, criador do céu e da terra; e em Jesus Cristo, seu único filho, nosso Senhor, que foi concebido pelo poder do Espírito Santo; nasceu da Virgem

Maria; padeceu sob Pôncio Pilatos; foi crucificado, morto e sepultado; desceu à mansão dos mortos; ressuscitou ao terceiro dia; subiu ao céu e está sentado à direita de Deus Pai, todo-poderoso, de onde há de vir a julgar os vivos e os mortos. Creio no Espírito Santo, na santa Igreja Católica, na comunhão dos santos, na remissão dos pecados, na ressurreição da carne e na vida eterna. Amém.

OFERECIMENTO DO CREDO

O Credo é considerado uma das orações de maior poder protetor entre todas as preces cristãs. Por este motivo, é recitada em muitos momentos, acompanhada de uma prece complementar que explicita a intenção em que está sendo recitado.

Diz a sabedoria popular que o Credo pode proteger contra perigos físicos e espirituais. A qualquer momento, diante de qualquer ameaça, tentação ou feitiçaria, a primeira prece apresentada a seguir invoca o escudo da Santíssima Trindade. Ao sair pela manhã para o trabalho, ao começar as atividades do dia ou ao empreender uma viagem especial, usa-se a segunda oração aqui apresentada, que pede a proteção divina contra todos os perigos que rondam os viajantes.

Oferecimento do Credo para todos os momentos:
Eu vivo com Jesus, meu sinal da santa cruz, meu Jesus crucificado, para que me livre, ó Deus, meu corpo do perigo, minha alma do pecado. Deus me dê companhia, como deu à Virgem Maria. Na barca de Noé me tranco, com a chave de São Pedro eu me tranco, com o Santíssimo Sacramento me abraço para que me livre, ó Deus, meu corpo de feitiço e malefício. Meu Jesus de Nazaré, eu entrego o meu corpo a Jesus, Maria e José.

Oferecimento do Credo quando se viaja:
Salvo eu saí, salvo eu chego, salvo eu ando, salvo andarei, dia e noite eu viajando, dormindo ou acordando. Como

São João Batista foi acordado e batizou Nosso Senhor Jesus Cristo no rio Jordão, assim eu serei livre e salvo dos meus inimigos corporais e espirituais. Na barquinha de Noé eu me tranco, com a chave do sacrário eu me trancarei. Jesus Cristo, com as oito palavras do Credo eu me benzo, em nome do Pai, do Filho e do Espírito Santo.

NOVENA DAS ALMAS

Esta oração deve ser recitada como uma novena, isto é, durante nove dias consecutivos, para fazer um pedido específico. Se o pedido for muito urgente, ela pode ser recitada de acordo com uma prática comum da religiosidade popular, que é a realização da novena num só dia, durante nove horas consecutivas.

Oração
Minha Virgem do Carmo, mãe dos Carmelitas, socorrei as almas que vivem mais aflitas (repetir três vezes).
Ó Almas Benditas milagrosas, abençoadas pelas três pessoas da Santíssima Trindade; Almas que morreram enforcadas, queimadas, afogadas, vós fostes como eu, eu serei como vós.
Ó Almas Santas cativas, Almas dos santificados, Almas dos vigários, Almas dos prelados, Almas abandonadas e todas as Almas, aquelas que estão mais perto de Deus, Nosso Senhor, rogai por mim, para alcançar a graça que vos peço (aqui fazer o pedido).
Pelo poder de Deus, Espírito Santo, Almas Santas Benditas, atendei meu pedido. Assim como Nosso Senhor Jesus Cristo desceu na Terra no Santo Sacrifício e na hora da consagração da hóstia, venham todas em meu auxílio para alcançar a graça que vos peço, pelo Vosso poder, Pai, Filho, Espírito Santo reunidos como as três pessoas da Santíssima Trindade, que foram um grande mistério.
Ó Almas aflitas do purgatório, atendei meu pedido, Almas que morreram enforcadas, Almas que morreram queimadas, Almas Santas Benditas que Cristo adorou, contemplai e

atendei o meu pedido, para que eu seja livre de todo o perigo no corpo e na alma, seja feliz, obtendo bons resultados nos meus negócios. Alcançarei a graça que vos peço. Atendei meu pedido, minhas Almas Santas Benditas, eu vos peço pela hora que nascestes, pelas penas do purgatório, que venham todas ao meu auxílio. Valei-me nas aflições, nos perigos, livrai meu corpo, minha alma de todos os obstáculos, dificuldades que puserem em todos os meus caminhos, perturbações que fizerem.
Ajudai-me, ó Almas aflitas do purgatório, principalmente as mais abandonadas, que morreram queimadas, enforcadas, afogadas; pedi a Deus por mim, não me afastem o socorro do Céu, o pão de cada dia. Pedi e rogai a Nosso Senhor Jesus Cristo, principalmente pelas chagas do lenho que tanto fez sofrer aquele homem santificado, no Horto das Oliveiras, que se prostrou por terra e suou o sangue de nossos pecados. Pela coroa de espinhos que transpassou a cabeça de Jesus, pela cruz que Ele carregou nos ombros pelas ruas de Jerusalém, pelo último suspiro que exalou na cruz, por todos os mortos desta oração.
Ó Santíssima Mãe, pedi e rogai por mim, para que eu alcance a graça que vos peço (repetir o pedido).
Rogai a Jesus, na hóstia e no cálice consagrado, no Santíssimo Sacramento da Eucaristia, pela gloriosa ressurreição, que me alcance essa graça que vos peço, ó minhas Almas Santas Benditas, principalmente as que morreram enforcadas, queimadas, degoladas, vos peço, pelas dores de Maria Santíssima, que sofreu no mundo desde o nascimento de Nosso Senhor Jesus Cristo até a morte. Por todas as lágrimas que ela derramou durante a paixão e morte, quando viu só no mundo o seu Filho Santíssimo. Por todos os martírios de seu coração de mãe aflita, alcançai a graça que vos peço, pedi e rogai a Jesus Cristo e Maria Santíssima, que me livrem de todos os males e falsos perigos a que estou exposto.
Devo-lhes a graça, principalmente em honra de ser preservado, de tantas faltas e perigos em que eu terei de cair, na mão de vosso amparo que auxilia e esclarece a minha consciência.

Iluminai-me com a luz celestial, a fim de que eu conheça as minhas faltas e malícias. Assim seja.

Para encerrar, reza-se o Credo.

ORAÇÃO DAS CINCO CHAGAS

Esta oração é usada por rezadeiras e curandeiros para benzer clientes com diversos problemas de saúde, principalmente aqueles que forem provocados por mau-olhado ("oiado"). A benzedura, prática mágica de cura realizada em todo o país, consiste em "cruzar" ("encruzar") o cliente, ou seja, desenhar muitas cruzes sobre seu corpo, usando um ramo de erva mágica, muitas vezes a arruda, reputada forte para limpar e afastar más influências.

Em geral, o encruzamento segue um roteiro definido, passando pela cabeça, o tronco e os membros superiores e inferiores. Enquanto isso é feito, a oração é recitada repetidamente, quantas vezes forem necessárias para que o trajeto no corpo seja completado, o que pode exigir muitas repetições no caso de fórmulas curtas.

Em outras situações, o encruzamento é feito somente em determinados momentos, indicados no texto, como é o caso da oração aqui apresentada.

É interessante observar que as orações de cura apresentam termos diagnósticos típicos do corpo teórico do curandeirismo, sem paralelo no saber médico oficial atual, e decorrentes de uma visão mágica dos danos à saúde ou de conceitos médicos de séculos passados, superados pelos conhecimentos modernos sobre o corpo e as doenças.

Oração
Deus Pai, Deus Filho, Deus Espírito Santo, pelas Cinco Chagas do Nosso Senhor Jesus Cristo, pela imagem de Maria Santíssima, pela hóstia consagrada, pelo nome de Jesus.
Jesus foi pelo caminho e encontrou com São Luiz. Perguntou:
— Luiz, quem foi que tu encontraste?

— *Encontrei um rezador.*
De todo mal tu rezaste de todo mal tu curaste todo mal tu retiraste pela hóstia consagrada, pelo nome do altar.
Jesus foi pelo caminho. Encontrou com São Luiz. Perguntou:
— *Luiz, o que encontrou?*
— *Encontrei um curador.*
— *De quê?*
— *De dor de cabeça, dor de pontada, dor de reumatismo, de purgado, enxaqueca, estore, sol e sereno e mudança de tempo.*
— *Qual é a mudança de tempo?*
— *É o ar congestado, é o ar cerebrado, é o ar na carne, é o ar nos nervos, o ar nos ossos, o ar na pele, o ar no sangue, o ar na carne.*
Retira-te da carne, retira-te dos nervos, retira-te dos ossos, retira-te da pele, retira-te das veias. Todos esses males que tu tiveres, todos eles irão para as ondas do mar sagrado, pelas três pessoas de Deus e da Santíssima Trindade. Que Deus andou, Deus caminhou e Deus encruzou (encruzar a pessoa com galhos de arruda).
Assim como Jesus Cristo andou no mundo rezando e fazendo suas orações, assim também, Fulano (dizer o nome da pessoa), *hás de ficar livre, são e salvo de todos os males que tu tiveres. Todos os olhos que te botarem, todos eles se retirarão para as ondas do mar sagrado, pelas três pessoas de Deus e da Santíssima Trindade. Que Deus andou, Deus caminhou e Deus encruzou* (encruzar a pessoa com galhos de arruda).
Assim como Deus andou, Deus caminhou e Deus encruzou, de todas as mazelas Jesus foi quem te curou, pela hóstia consagrada, pela imagem do Senhor.
Jesus foi pelo caminho, encontrou com SãoLuiz:
— *Luiz, quem foi que tu encontraste?*
— *Encontrei um curador.*
— *E tu curaste?*
— *Eu curei.*
— *E tu rezaste?*
— *Eu rezei.*
— *Com quais palavras?*

— *Com as suas.*
— *Quais são as minhas?*
— *É de Deus Pai, Deus Filho, Deus Espírito Santo. Pelas Cinco Chagas de Nosso Senhor Jesus Cristo, pela imagem de Maria Santíssima, pela hóstia consagrada, pelo nome de Jesus. Eu rezo na tua boniteza, rezo no teu corpo, rezo na tua pele, rezo nos teus nervos, rezo nos teus ossos, rezo na tua carne, rezo no teu sangue, todos eles se retirarão, todos os males que tu tiveres, todos eles irão para as ondas do mar sagrado, pelas três pessoas de Deus e da Santíssima Trindade. Que Deus andou, Deus caminhou e Deus encruzou* (encruzar a pessoa com galhos de arruda), *e você, Jesus foi quem te curou, pela hóstia consagrada, pela imagem do Senhor.*
Valei-me Jesus, valei-me José e valei-me Maria. E valei-me as três pessoas de Deus e a Virgem Maria (repetir três vezes).
Jesus foi pelo caminho. Encontrou com São Vivalde.
— *Vivalde, quem foi que tu encontraste?*
— *Encontrei um curador.*
— *E tu curaste?*
— *Eu curei.*
— *Com quais palavras?*
— *Com as suas.*
— *Quais são as minhas?*
— *É de Deus Pai, Deus Filho, Deus Espírito Santo. Pelas Cinco Chagas de Nosso Senhor Jesus Cristo, pela imagem de Maria Santíssima, pela hóstia consagrada, pelo nome de Jesus.*
— *De que tu curaste?*
— *Eu curei de "oiado", de todo mal que tu "tiver", de ventre caído, de mudança de tempo, no sangue, na carne, nos nervos, nos ossos e na pele.*
Retira-te todas mungangas que tu tens, todas elas se retirarão para as ondas do mar sagrado, pelas três pessoas de Deus e da Santíssima Trindade. Que Deus andou, Deus caminhou e Deus encruzou (encruzar a pessoa com galhos de arruda).
Assim como Deus andou, Deus caminhou e Deus encruzou na

tua cabeça (pôr a mão na cabeça da pessoa), *Jesus foi quem te tirou, pela hóstia consagrada e pelo nome do Senhor.*
Retira-te todos olhos que tiver, os olhos que tiver em ti, os olhos que tiver na carne, os olhos que tiver nos nervos, os olhos que tiver na pele, os olhos que tiver nos ossos, os olhos que tiver nas veias, todos eles se retirarão para as ondas do mar sagrado, pelas três pessoas de Deus e da Santíssima Trindade. Que Deus andou, Deus caminhou e Deus encruzou (encruzar a pessoa com galhos de arruda). *Assim como Deus andou, Deus caminhou e Deus encruzou, de olhado Deus o livre; e todo ponto ruim, todos eles Jesus te curou.*
Eu te curei nos teus olhos, eu te curei no teu rosto, eu te curei na tua pele, eu te curei nos teus nervos, eu te curei nas tuas veias. Todas essas mazelas que tu tiveres, todas elas irão para as ondas do mar sagrado, que os olhos que um te botar nele cegará, os olhos que te enxergar nele não te verá, os que te quiserem ver, nele não hão de te ver. Pela hóstia consagrada, pelo nome do Senhor.
Valei-me Jesus, valei-me José e valei-me Maria, e valei-me as três pessoas de Deus e a Virgem Maria (repetir três vezes).
Eu te rezo na boniteza, eu te rezo na gordura, eu te rezo na formosura, eu te rezo nos ossos, eu te rezo na carne, eu te rezo na pele, eu te rezo no sangue, eu te rezo nos nervos, sai de teu sangue, sai de teus ossos, sai de tua carne, sai de teus nervos, sai de tua pele, todos eles vão para as ondas do mar sagrado, pelas três pessoas de Deus e da Santíssima Trindade. Que Deus andou, Deus caminhou e Deus encruzou (encruzar a pessoa com galhos de arruda). *Assim como Deus andou, Deus caminhou e Deus encruzou, de todas as mazelas Jesus te curou, pela hóstia consagrada e pela imagem do Senhor.*
Jesus foi pelo caminho e encontrou com São Luiz:
— Luiz, quem foi que tu encontraste?
— Encontrei um curador.
— E tu curaste?
— Eu curei.
— E tu rezaste?
— Eu rezei.

— *Com quais palavras?*
— *Com as suas.*
— *Quais são as minhas?*
— *É de Deus Pai, Deus Filho, Deus Espírito Santo.* Pelas Cinco Chagas de Nosso Senhor Jesus Cristo, pela imagem de Maria Santíssima, pela hóstia consagrada, pelo nome de Jesus. Que assim como Nosso Senhor Jesus Cristo foi cravado na cruz, subido no trono, investido na matriz, assim tu hás de ser livre, são e salvo de mau-olhado que olhar para ti, todos eles que restam mal empregados, pela hóstia consagrada e pela imagem de Jesus Cristo. Contando com a verdade, pelas Cinco Chagas de Jesus, pela imagem de Maria Santíssima, pela hóstia consagrada e pelo nome de Jesus. Deus andou, Deus caminhou e Deus encruzou (encruzar a pessoa com galhos de arruda). Nas sete encruzilhadas Jesus te rezou, nas sete encruzilhadas Jesus te cruzou, nas sete encruzilhadas Jesus te consagrou, pela hóstia consagrada e pela imagem do Senhor. Valei-me Jesus, valei-me José e valei-me Maria, e valei-me as três pessoas de Deus e a Virgem Maria (repetir três vezes).
Os apóstolos de Maria Santíssima, todos eles consagrados pelas três pessoas de Deus e da Santíssima Trindade. Assim como Nosso Senhor Jesus Cristo foi cravado na cruz, subido no trono, descido na matriz, assim tu hás de ser livre e salvo de todos os males que tu tiveres, daqui ao fim de tua vida não há de ter quem te bote na carne, nem nos nervos, nem nos ossos, nem na pele, nem no sangue, nem nas veias, há de ser tudo repartido com quem olhado te botar, pela hóstia consagrada, pela imagem do altar.
(Rezar um Pai-nosso, uma Ave-maria e uma Salve-rainha.)
Ofereço às Cinco Chagas de Nosso Senhor Jesus Cristo, à imagem de Maria Santíssima, à hóstia consagrada e ao nome de Jesus. Que assim como Nosso Senhor Jesus Cristo foi cravado na cruz, subido no trono e descido na matriz, para que seja livre e salvo de todos os males que aparecer, todos eles se curarão, todos eles se retirarão, todos eles se mandarão para as ondas do mar sagrado, pelas três pessoas de Deus e da Santíssima Trindade.

ORAÇÃO A SÃO BENEDITO

Repita três vezes esta oração para fazer um pedido ao santo.

Benedito, Benedito, Benedito santo, três vezes fosse padre, três vezes fosse frade, três vezes fosse a campa bater, fosse chamar pelo seu irmão frade.
Benedito, se o que eu peço for certo, eu quero ouvir três sim pelas bocas dos pecadores, pelas bocas dos inocentes e pelos rios correntes. E se o que peço não for certo, quero ouvir três não pelas bocas dos pecadores, pelas bocas dos inocentes e pelos rios correntes.

ORAÇÃO DA ESTRELA

Esta oração tem a finalidade de trazer um amor de volta. Pega-se uma faca virgem, aponta-se para uma estrela e recita-se a prece, olhando para ela, sem que ninguém veja.

Minha estrela reluzente, aquela que mais brilha no céu, vai até o coração de Fulano/a (dizer o nome da pessoa), *com a coroa fechada da madre de São Lucas, Santa Isabel. Está detida a coroa, em confiança, de ouro, na mão. Na câmara se estiver dormindo, não dormirá, se gozando, não gozará, enquanto comigo não vier falar. As estrelas se levantam, em fatias na mão consagrou, na missa celebrou o cálice. Se levantar enquanto comigo não vier falar, sem demora, padecerá ao pé da cruz, Fulano/a* (repetir o nome da pessoa).

COMO DESFAZER FEITIÇOS E MALEFÍCIOS

Embora as receitas aqui apresentadas pudessem ser colocadas no capítulo referente aos feitiços em geral, foram agrupadas em seção própria devido ao fato de que têm um objetivo muito especial: trata-se de encantamentos destinados a desfazer feitiços, neutralizando o poder mágico de um inimigo e anulando sua influência sobre o enfeitiçado. Por este mesmo motivo, esse conjunto de fórmulas foi colocado no final da obra: as receitas destinadas a obter o que se deseja estão reunidas nos capítulos iniciais; mas é preciso, antes de considerar-se pronto para o trabalho, aprender a defender-se contra o mesmo tipo de trabalho, quando ele é feito com más intenções.

Deve-se observar que, muitas vezes, esses procedimentos consistem em oferendas a entidades das ruas e dos cemitérios. Isso não ocorre por acaso, e sim devido ao fato de serem essas entidades as mais invocadas por quem realiza trabalhos maléficos. Por este motivo, o caminho lógico para anular o feitiço é invocar as mesmas entidades e pedir-lhes diretamente que desviem de nós as forças malignas que nos foram lançadas.

Outros encantamentos buscam a proteção ativa de entidades benfazejas, adotando-as como uma barreira contra o mal. Neste caso, é muito comum que seja invocado um santo católico ou o anjo-da-guarda do indivíduo que requer proteção.

É interessante observar que muitos feitiços desse tipo, como os aqui exemplificados, utilizam o ovo. Lembremo-nos de que este é a semente do filhote da galinha — portanto, pode ser encarado como um ser vivo, mesmo que em estado potencial. Desta forma, o ovo pode ser utilizado em feitiços que adotam o processo de transferência de um mal, de um ser para outro, que o carrega para longe. É por isso que, às vezes, é recomendado que o ovo esteja galado (fecundado) ou mesmo choco (já com o embrião em desenvolvimento).

LIMPEZA DO CORPO

Ingredientes:
- sete ovos de galinha;
- sete moedas correntes;
- sete porções de azeite, cada uma de uma qualidade diferente (dendê, oliva, outros óleos vegetais);
- sete velas brancas;
- um metro de morim branco;
- uma vela de sete dias branca.

Modo de fazer:
Passe os ovos no corpo do paciente. Em seguida, quebre um por um sobre o morim aberto no chão, enquanto repete:

Assim como morre esta criatura, que morra todo feitiço e todo malefício contra Fulano (dizer o nome da pessoa), *aqui presente.*

Feito isso, pegue as sete velas comuns, uma de cada vez, passe no corpo do paciente e quebre em três pedaços, colocando-os também sobre o morim. Ponha por cima as moedas e regue tudo com os azeites. Faça uma trouxa com o morim e entregue numa rua bem distante da moradia do paciente.

A vela de sete dias deverá queimar em honra do anjo-da-guarda do paciente.

OFERENDA ÀS ALMAS

Ingredientes:
- um alguidar médio;
- sete ovos de pata, de preferência chocos;
- sete punhados de areia de praia, apanhados numa quarta-feira, no Quarto Minguante;
- um pedaço de papel tendo escritos os nomes dos autores do feitiço contra o paciente;
- sete velas roxas;
- um metro de morim preto;
- uma réstea de cebola ou alho;
- sete pedras de sal grosso;
- sete dentes de alho.

Modo de fazer:
Forre o alguidar com o morim e coloque por cima o papel escrito. Cubra-o com a réstea, o sal e os dentes de alho. Arrume os ovos por cima e cubra-os com a areia.

Leve o material a uma encruzilhada ou um cemitério. Fixe as velas na areia que enche o alguidar e acenda-as, entregando a oferenda às almas errantes e pecadoras.

PEDIDO A SANTA CLARA PARA DESFAZER UM FEITIÇO

Ingredientes:
- um ovo;
- um copo de vidro novo, liso e incolor;
- água;
- nove velas brancas.

Modo de fazer:
Preencha o copo até a metade com a água e coloque dentro dele o ovo inteiro. Ponha o copo num lugar seguro e acenda junto dele uma vela, invocando o nome de Santa Clara e fazendo seu pedido.

Deixe o copo no mesmo lugar por nove dias. A cada um dos dias seguintes (a partir do primeiro, quando o feitiço foi iniciado), acenda uma das velas restantes e repita a invocação à santa e seu pedido.

No final do período, retire o ovo de dentro do copo e jogue a água na rua, em frente à sua casa. Leve o ovo a um parque e jogue-o no chão, chamando por Santa Clara e pedindo:

Assim como esse ovo se despedaçou, que seja despedaçado todo mal, feitiço, malefício e bruxaria que haja sobre mim.

RITUAL PARA AFASTAR FEITIÇO

Ingredientes:
- uma vela de cera de 30 cm;
- 16 ramos de alfavaca fresca;
- 16 pétalas de rosa amarela, frescas;
- 10 gotas de licor de anis;
- 35 gotas de mel;
- um obi;
- um pouco de ori;
- um litro de água;

- um prato de louça branco;
- um pedaço de pano branco virgem;
- uma vela.

Modo de fazer:
Tire o sumo da alfavaca e das pétalas de rosa, espremendo-as na água. Depois de coar, misture o anis e o mel. Este é o banho que o paciente deverá tomar ao iniciar o ritual.

Logo após o banho, separe o obi em quatro partes. Dê um dos pedaços ao paciente, recomendando-lhe que o mastigue um pouco, sem engolir, e em seguida o entregue de volta. Faça você o mesmo com outro pedaço do fruto e reserve os outros dois.

Junte as duas partes mastigadas, a sua e a do paciente, e misture o ori, fazendo um bolinho. Ponha sobre a cabeça do paciente, onde o bolinho deverá ficar por 24 horas. Durante esse período, o paciente deverá permanecer em casa, repousando e mantendo a cabeça coberta com o pano branco. Enquanto isso, os outros dois pedaços do obi ficarão no prato, com a vela acesa ao lado.

Após as 24 horas, retire o bolinho da cabeça do paciente e enterre-o, juntamente com os outros dois pedaços do fruto, ao pé de uma árvore frondosa.

PALAVRAS FINAIS

Nada mais resta a dizer senão: Boa sorte!
Que você, leitor que nos acompanhou nesta jornada, tenha toda a sorte de que é merecedor.
Esperamos que o conteúdo aqui apresentado tenha sido de fácil compreensão.
Que tenha respondido às suas perguntas,
atendido às suas necessidades,
realizado seus anseios.
Desejamos que esta obra lhe seja útil.
Que possa tornar-se seu apoio nas horas de angústia,
seu guia na busca de novos caminhos,
sua luz na via do conhecimento.
E, para não sofrer as más conseqüências que sempre atingem os que usam o poder sem escrúpulos,

siga sempre a regra de ouro da magia:
Sem prejudicar ninguém, realize sua vontade.

Axé.

Este livro foi composto com a tipografia Sabon, corpo 10.5/14. O papel de miolo é offset 90g/m², e o de capa, cartão 250g/m². Foi impresso no Armazém das Letras Gráfica e Editora, no Rio de Janeiro, em janeiro de 2011.